“十二五”职业教育国家规划教材配套辅导用书
全国高职高专会计专业工作过程导向系列教材

企业经济业务核算学习指导

QIYEJINGJIYEWUHESUANXUEXIZHIDAO

(第2版)

主编　马红　谢芬芬　岳秀敏

U0832933

中国财经出版传媒集团
中国财政经济出版社

图书在版编目（CIP）数据

企业经济业务核算学习指导 / 马红，谢芬芬，岳秀敏主编．—2 版．—北京：中国财政经济出版社，2018.5

“十二五”职业教育国家规划教材配套辅导用书　全国高职高专会计专业工作过程导向系列教材

ISBN 978－7－5095－8227－5

Ⅰ．①企…　Ⅱ．①马…②谢…③岳…　Ⅲ．①企业经济－经济核算－高等职业教育－教学参考资料　Ⅳ．①F275

中国版本图书馆 CIP 数据核字（2018）第 088185 号

责任编辑：蔡　宾　田明晖　　　　责任校对：杨瑞琦

封面设计：华乐功

中国财政经济出版社出版

URL：http：//www.cfeph.cn

E－mail：cfeph@cfeph.cn

社址：北京市海淀区阜成路甲 28 号　邮政编码：100142

营销中心电话：010－88191537　北京财经书店电话：64033436　84041336

北京中兴印刷有限公司印刷　各地新华书店经销

787×1092 毫米　16 开　9.75 印张　223 000 字

2018 年 6 月第 2 版　2018 年 6 月北京第 1 次印刷

定价：26.00 元

ISBN 978－7－5095－8227－5

（图书出现印装问题，本社负责调换）

本社质量投诉电话：010－88190744

第2版前言

随着我国职业教育的不断发展和完善，课程体系和课程内容也在不断的调整，为了满足工学结合的教学目的，提高毕业生的就业竞争力，我校聘请了多名职业教育专家来校作报告，派出教师到国家示范性职业院校学习，开阔我们的眼界，增强对职业教育的理解；同时召开了不同领域、不同层次的实践专家访谈会，充分听取他们的意见和建议。在此基础上，我们深入实际工作环境进行了充分的调研，并对毕业生的顶岗实习进行跟踪指导，根据工作过程重新设计了会计核算学习领域的学习内容，编写了能够满足中小企业会计核算需要的《企业经济业务核算学习指导》，为学习者巩固所学知识，顺利通过助理会计师的考试奠定基础。

本书学习情境一、三、四、五由谢芬芬编写，学习情境二、七、十一由马红编写，学习情境六、八、九、十由岳秀敏编写，全书由马红总纂和审核。

本书练习题包括单项选择题、多项选择题、判断题、综合训练题和不定项选择题，内容覆盖全面，知识点梳理详细，适合职业院校学生学习掌握财务会计知识，也可作为自学者学习财务会计知识用书。

限于时间和水平，本书难免存在一些错误和不足，敬请广大读者批评指正。

编者

2018 年 3 月

目 录

1 学习情境一 货币资金核算

内容概要

- 货币资金核算
  - 库存现金
    - 现金管理制度
    - 库存现金账务处理
      - 现金收入账务处理
      - 现金支出账务处理
      - 现金清查账务处理
  - 银行存款
    - 银行结算方法、账户开设规定、账户使用规定
    - 银行存款账务处理
      - 银行存款收入账务处理
      - 银行存款支出账务处理
    - 银行存款的核对——银行存款余额调节表的编制
  - 其他货币资金
    - 其他货币资金核算内容
    - 其他货币资金账务处理
      - 其他货币资金存款增加的账务处理
      - 其他货币资金存款减少的账务处理

学习内容

一、库存现金

（一）现金有关管理的规定

1. 现金使用范围
2. 库存现金的限额
3. 现金收支规定

（二）现金的核算

现金的收入和支付业务发生，借记或贷记“库存现金”科目，每日终了现金日记账与实有现金核对，保证账实相符。

（三）现金的清查

如果现金账实不符，有待查明原因的现金短缺或溢余，应通过“待处理财产损溢”科目核算，分别以下情况处理：

(1) 如为现金短缺，属于应有责任人赔偿或应收有关人员的部分，计入其他应收款；属于无法查明原因的短缺，计入管理费用，如图1-1所示。

(2) 如为现金溢余，属于应支付有关人员或单位的，计入其他应付款；属于无法查明原因的，计入营业外收入，如图1-2所示。

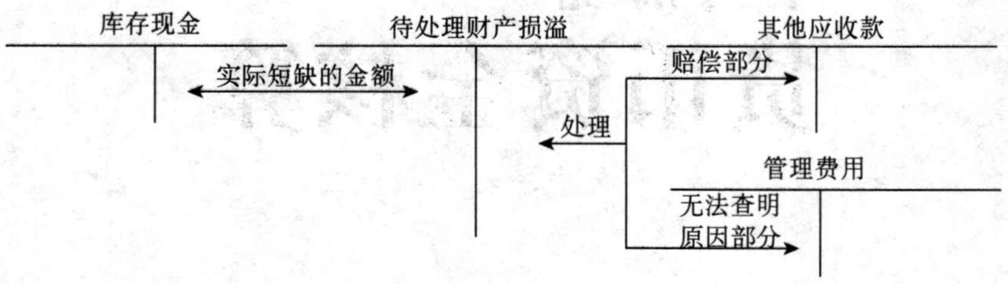

图1-1　现金短缺账务处理图示

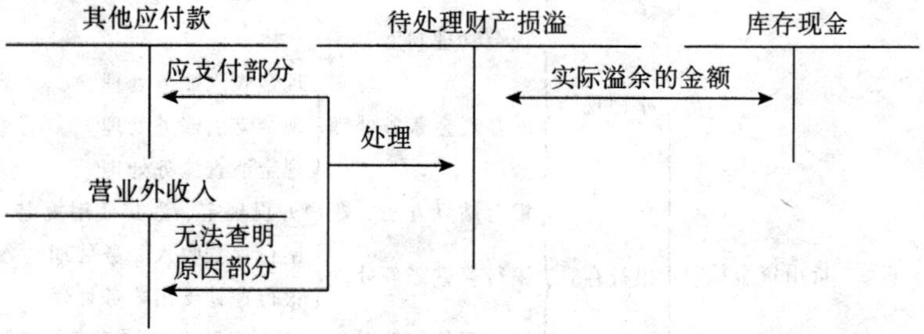

图1-2　现金溢余账务处理图示

二、银行存款

(一) 银行结算办法、账户的开设规定、账户的使用规定

1. 银行结算办法及各种结算办法的使用规定
2. 单位开设账户的种类及有关规定
3. 各种账户的使用范围

(二) 银行存款的核算

银行存款的收入和支付业务发生，借记或贷记“银行存款”科目，银行存款日记账每日日结，按月与银行对账单核对。

(三) 银行存款的核对

三、其他货币资金

(一) 其他货币资金的核算内容

(二) 其他货币资金的核算

其他货币资金存款的增加或支付、退回等业务发生，借记或贷记“其他货币资金”科目。

同步练习题

一、单项选择题

1. 企业现金清查中，确实无法查明原因的现金短款，经批准后应计入（ ）。

A. 财务费用　　B. 管理费用

C. 销售费用　　D. 营业外支出

2. 下列支付结算方式中，只能用于同一票据交换区域结算的是（ ）。

A. 银行汇票　　B. 银行本票

C. 委托收款　　D. 托收承付

3. 对于银行已收款而企业未入账的未达账项，企业应作的处理是（ ）。

A. 以“银行对账单”为原始依据将该业务入账

B. 待有关结算凭证到达后入账

C. 在编制“银行存款余额调节表”的同时入账

D. 根据“银行存款余额调节表”和“银行对账单”自制原始凭证入账

4. 企业申请取得的银行汇票，应通过（ ）科目进行核算。

A. 应收票据　　B. 银行存款

C. 库存现金　　D. 其他货币资金

5. 企业现金清查中，确实无法查明原因的现金溢余，经批准后应计入（ ）。

A. 营业外收入　　B. 营业外支出

C. 主营业务收入　　D. 其他业务收入

6. 下列（ ）不属于货币资金。

A. 备用金　　B. 银行存款

C. 库存现金　　D. 其他货币资金

7. 库存现金的限额一般为（ ）。

A. 3～5 天日常零星开支的需要　　B. 15 天日常零星开支的需要

C. 1 个月日常零星开支的需要　　D. 由企业根据需要自行确定

8. 期末银行对账单与银行存款日记账的核对属于（ ）。

A. 账账核对　　B. 账表核对

C. 账实核对　　D. 账证核对

9. 企业现金清查中，经查发现是尚未支付给个人的现金长款，经批准后应计入（ ）。

A. 其他应付款　　B. 管理费用

C. 财务费用　　D. 营业外收入

10. 企业现金清查中，发现有账实不符合情况的，在批准处理前应通过（ ）科目核算。

A. 其他应付款　　B. 待处理财产损溢

C. 财务费用　　D. 营业外收入

11. 企业收到承租方交来现金500元，系应收上月出租包装物租金，假定不考虑其他相关税费，会计分录正确的是（　　）。

A. 借：库存现金　500
　　贷：主营业务收入　500

B. 借：库存现金　500
　　贷：其他业务收入　500

C. 借：库存现金　500
　　贷：其他应收款　500

D. 借：库存现金　500
　　贷：其他应付款　500

12. 下列项目中，企业可以用现金支付的是（　　）。

A. 支付个人劳动报酬　B. 偿还银行小额借款

C. 支付前欠某单位1 200元货款　D. 退还某单位多付货款1 500元

13. 职员李四出差归来，报销差旅费1 500元，退回剩余现金500元，应编制的分录是（　　）。

A. 借：库存现金　2 000
　　贷：其他应收款　2 000

B. 借：管理费用　2 000
　　贷：其他应收款　2 000

C. 借：其他应收款　2 000
　　贷：库存现金　500
　　　　管理费用　1 500

D. 借：管理费用　1 500
　　　　库存现金　500
　　贷：其他应收款　2 000

14. 某企业在现金清查中发现库存现金较账面余额多出200元。经反复核查，长款原因仍然不明，经批准后应转入（　　）科目。

A. 库存现金　B. 营业外收入

C. 待处理财产损溢　D. 其他应付款

15. 经查明原因，经领导批准确认应由出纳员赔偿的现金短款200元，会计分录是（　　）。

A. 借：其他应收款　200
　　贷：库存现金　200

B. 借：其他应收款　200
　　贷：待处理财产损溢　200

C. 借：应收账款　200
　　贷：待处理财产损溢　200

D. 借：应收账款　200
　　贷：库存现金　200

16. 一个单位只能在一家金融机构开设一个（　　）。

A. 一般存款户　　B. 专用存款账户

C. 临时存款户　　D. 基本存款账户

17. （　　）是收款人或付款人（或承兑申请人）签发，由承兑人承兑，并于到期日向收款人或被背书人支付款项的票据。

A. 银行本票　　B. 银行汇票

C. 支票　　D. 商业汇票

18. 信用卡存款应在（　　）科目核算。

A. 其他应收款　　B. 银行存款

C. 其他货币资金　　D. 短期投资

19. 银行存款日记账由（　　）登记。

A. 会计负责人　　B. 会计人员

C. 出纳人员　　D. 业务经办人员

20. 支票的提示付款期限自出票日起（　　），但中国人民银行另有规定的除外。

A. 3 天　　B. 5 天

C. 10 天　　D. 15 天

21. 普通支票可以用于（　　）。

A. 转账　　B. 支取现金

C. 支取现金或转账　　D. 异地结算

22. 某企业收到面额为 20 000 元的转账支票一张，系东方公司归还的前欠货款。企业已将支票和填制的进账单送到银行办理收款手续，此时应当编制的会计分录是（　　）。

A. 借：银行存款　　20 000

　　贷：应付账款　　20 000

B. 借：应付账款　　20 000

　　贷：银行存款　　20 000

C. 借：银行存款　　20 000

　　贷：应收账款　　20 000

D. 借：应收账款　　20 000

　　贷：银行存款　　20 000

23. 现金支票可以用于（　　）。

A. 转账　　B. 支取现金

C. 异地结算　　D. 支取现金或转账

24. 存出投资款应在（　　）科目核算。

A. 其他应收款　　B. 银行存款

C. 其他货币资金　　D. 短期投资

25. 下列项目中，不属于货币资金的是（　　）。

A. 库存现金　　B. 银行存款

C. 其他货币资金　　D. 应收账款

二、多项选择题

1. 下列各项中，属于其他货币资金的有（　　）。

A. 外埠存款　　B. 存出投资款

C. 银行承兑汇票　　D. 银行汇票存款

2. 下列各项中，使得银行存款日记账余额小于银行对账单余额的有（　　）。

A. 企业开出支票，持票人未到银行兑现

B. 银行误将其他公司存款记入本企业银行存款账户

C. 银行代扣水电费，企业尚未接到通知

D. 银行收到委托收款的款项，企业尚未接到通知

3. 下列支付结算方式中，可用于异地结算的有（　　）。

A. 银行汇票　　B. 银行本票

C. 商业汇票　　D. 委托收款

4. 下列行为中，不符合现金管理制度的有（　　）。

A. 用现金支付出差人员预借的差旅费　　B. 未经批准"坐支现金"

C. 用现金购买一台设备10万元　　D. 用现金发放工资3万元

5. 根据中国人民银行规定，企业的银行存款账户可分为（　　）。

A. 基本存款账户　　B. 一般存款账户

C. 临时存款账户　　D. 专用存款账户

6. 未达账项包括（　　）。

A. 企业已收，银行未收的款项　　B. 企业已付，银行未付的款项

C. 银行已收，企业未收的款项　　D. 银行已付，企业未付的款项

7. 企业能够用于办理日常转账结算和存入现金业务的银行存款户有（　　）。

A. 临时存款户　　B. 一般存款户

C. 专用存款户　　D. 基本存款户

8. 下列业务中，可使企业其他货币资金增加的有（　　）。

A. 将银行存款汇往在外地银行开立的临时采购账户中

B. 以存出投资款购买债券

C. 企业申请取得一张银行汇票

D. 企业销售商品取得一张银行支票

9. 下列不属于单位、个人均可使用的支付结算办法的有（　　）。

A. 支票　　B. 商业汇票

C. 托收承付　　D. 汇兑

10. 下列各项，通过"其他货币资金"科目核算的有（　　）。

A. 备用金　　B. 存出投资款

C. 信用证保证金存款　　D. 银行本票存款

11. 下列项目中，可以使用现金的有（　　）。

A. 支付500元购货款　　B. 向个人收购农副产品支付1 500元

C. 李某出差借支差旅费10 000元　　D. 发放职工困难补助金600元

12. 下列各项中，违反现金收入管理规定的有（　　）。

A. 坐支现金

B. 收入的现金于当日送存银行

C. 将企业的现金收入按个人储蓄方式存入银行

D. "白条"抵库

13. 企业以外埠存款 10 000 元，购买需要安装设备一台，不考虑其他相关税费，会计分录由（　　）组成。

A. 借：固定资产　10 000　　B. 借：在建工程　10 000

C. 贷：其他货币资金　10 000　　D. 贷：银行存款　10 000

14. 银行存款的总分类核算，应当根据（　　）逐笔或分别定期汇总登记。

A. 银行存款收款凭证　　B. 银行存款付款凭证

C. 银行转账凭证　　D. 库存现金付款凭证

15. 银行存款日记账的核对，是指银行存款日记账（　　）。

A. 与银行存款余额调节表的核对　　B. 与银行存款收、付款凭证的核对

C. 与银行存款总账的核对　　D. 与银行存款对账单的核对

三、判断题

1. 银行存款余额调节表是调整银行存款账面余额的原始凭证。（　　）

2. 一个企业可开立多个基本存款账户。（　　）

3. 支票的提示付款期为自出票之日起 1 个月。（　　）

4. 企业在日常经营活动中取得的现金，一般情况下可直接用于支付企业的支出。（　　）

5. 出纳人员应登记现金总账和现金日记账。（　　）

6. 转账支票既可以用于转账，也可以用于提现。（　　）

7. 委托收款和托收承付结算方式，都受结算金额起点的限制。（　　）

8. 同城或异地的商品交易均可采用商业汇票进行结算。（　　）

9. 商业承兑汇票的承兑人是购货企业的开户银行。（　　）

10. 企业每月将"银行存款日记账"与"银行对账单"核对，是为了达到账账相符。（　　）

11. 现金清查，是以实地盘点法核对库存现金实有数与账存数的。（　　）

12. 盘点现金出现溢余，可以在"其他应付款"科目的贷方反映，待日后短缺时用于抵扣。（　　）

13. 无法查明原因的现金短缺，根据管理权限批准后记入"营业外支出"科目。（　　）

14. 对于银行已经入账而企业尚未入账的未达账项，企业应当根据"银行对账单"编制自制凭证予以入账。（　　）

15. 库存现金的清查包括出纳人员每日的清点核对和清查小组定期和不定期的清查。（　　）

16. "库存现金"账户反映企业的库存现金，包括企业内部各部门周转使用、由各

部门保管的定额备用金。 ( )

17. 采用定额制核算备用金的企业，备用金使用部门日常凭单据报销差旅费时，会计部门应按报销金额冲减“其他应收款”科目。 ( )

18. 单位签发支票支付款项，应贷记“其他货币资金”科目。 ( )

19. 单位可以从一般存款账户中提取现金发放工资。 ( )

20. 银行本票的提示付款期是自出票之日起2个月，银行汇票的提示付款期是自出票之日起1个月。 ( )

四、综合训练题

（一）甲公司2018年6月发生如下经济业务：

1. 2日，企业开出现金支票1张，从银行提取现金120 000元。

2. 2日，以现金发放工资120 000元，代扣职工个人承担的职工公寓房租5 000元。

3. 3日，生产车间以现金购买办公用品600元，同时支付水电费400元。

4. 3日，采购员王兴预借差旅费5 000元，以现金付讫。

5. 10日，企业收到上海星辰公司上月所欠货款47 000元的银行转账支票1张，企业将支票和填制的进账单送交开户银行。

6. 15日，向材料采购地昌平市申请的临时账户中汇入款项10 000元。

7. 15日，向本城红星公司销售一批A商品，售价300 000元，增值税51 000元，取得1张支票已交存银行。

8. 16日，采购员用临时采购专户资金购买材料时，实际支付材料价款6 000元，增值税1 020元。材料尚未入库。

9. 25日，收到银行通知，临时采购专户未用完的资金2 980元已划入本企业账户。

10. 29日，采购员王兴出差回来，报销差旅费4 000元，交回现金1 000元。

11. 30日，企业对现金进行清查，发现现金短缺500元，原因正在调查。

12. 30日，发现短缺的现金是由于出纳员肖华的工作失职造成的，应由其负责赔偿，金额为300元，另外200元没办法查清楚，经批准转做管理费用。

要求：根据以上业务分析应取得的原始凭证并编制会计分录。

（二）西蜀公司（增值税一般纳税人）2018年4月底银行存款日记账与银行对账单余额均为256 000元，5月份发生下列经济业务：

1. 3日，汇出20 000元到南京开立临时采购专户。

2. 5日，采购员从南京发回甲材料一批，增值税专用发票注明买价16 000元，增值税2 720元。材料已入库，余款已退回。

3. 6日，购入乙材料一批，增值税专用发票注明买价25 000元，增值税4 250元，价税款一并以转账支票付讫，材料已验收入库。

4. 8日，向绿洲公司销售A产品一批，售价36 000元，增值税6 120元，收到期限为2个月的银行承兑汇票1张。

5. 10日，向银行提交“银行汇票申请书”一份，并将款项交存银行，银行受理后，公司收到银行签发的面值为15 000元的银行汇票1张。

6. 12日，采购员持10日签发的银行汇票到广州星海贸易公司购入乙材料一批，增值税专用发票注明买价 10 000 元，增值税为 1 700 元。星海贸易公司代垫运杂费 1 500 元（未取得增值税专用发票）。材料尚未验收入库，余款已退回。

7. 15 日，向天津天狮集团购入丙材料一批，买价 30 000 元，增值税税率 17%，对方代垫运杂费 1 200 元（未取得增值税专用发票），签发 1 张期限为 1 个月的商业承兑汇票抵付所有款项，材料尚未入库。

8. 18 日，收到银行转来的电汇收账通知一份，款项 8 400 元，系河北定保贸易公司汇来的购货定金。

9. 20 日，收到银行转来的托收承付付款通知一份，款项 101 000 元，系本公司向江西瓷器厂定制的零配件的款项，其中价款 80 000 元，增值税税额为 13 600 元，运杂费 7 400 元（未取得增值税专用发票），核对合同相符，主动承付款项。发票已到，零配件尚在运输途中。

10. 25 日，收到银行转来的委托收款方式付款通知联，系本月公司电费 7 685 元（含增值税，增值税税率 6%），办理转账。

11. 26 日，销售给南京金陵贸易公司 B 产品一批，售价 90 000 元，增值税税额为 15 300 元，已用银行存款代垫运费 6 500 元。按合同规定，采用托收承付方式进行结算，已向银行办妥托收手续。

12. 30 日，收到银行转来的托收承付收款通知一份，本月 26 日托收的款项已收妥入账。

13. 30 日，收到达庆公司归还前欠货款的转账支票 1 张，金额 2 000 元。

14. 31 日，向乐辰公司开出转账支票 3 000 元，预付购料款。

要求：1. 根据上述经济业务编制会计分录并登记银行存款日记账，见表 1－1。

2. 月末将银行存款日记账与银行对账单（见表 1－2）核对后编制银行存款余额调节表，见表 1－3。

表 1－1　　银行存款日记账

账号：

年		凭证编号	摘要	支票		借方									√	贷方									√	余额								
月	日			种类	编号	百	十	万	千	百	十	元	角	分		百	十	万	千	百	十	元	角	分		百	十	万	千	百	十	元	角	分

续表

年		凭证编号	摘要	支票		借方									√	贷方									√	余额								
月	日			种类	编号	百	十	万	千	百	十	元	角	分		百	十	万	千	百	十	元	角	分		百	十	万	千	百	十	元	角	分

表 1-2 **中国工商银行客户对账单**

单位名称：西蜀公司　　2018 年 5 月 31 日　　账号：4425796764321675

2018 年		凭证		摘要	借方	贷方	余额
月	日	种类	号数				
5	1	（略）	（略）	（略）			256 000
	3				20 000		236 000
	5					1 280	237 280
	6				29 250		208 030
	10				15 000		193 030
	12					1 800	194 830
	18					8 400	203 230
	20				101 000		102 230
	25				7 685		94 545
	26				6 500		88 045
	30					111 800	199 845
	31					12 000	211 845
	31				4 000		207 845
5	31			本月合计	135 280	183 435	207 845

表 1-3　银行存款余额调节表

编制单位：　　　　　　　　年　月　日　　　　　　　　单位：元

项　目	金　额	项　目	金　额
企业日记账余额		银行对账单余额	
加：企业未记增加金额 减：企业未记减少金额		加：银行未记增加金额 减：银行未记减少金额	
调节后存款余额		调节后存款余额	

五、不定项选择题

（一）兴发公司2018年9月发生如下货币资金业务：

（1）5日，开出现金支票1张，从银行提取现金8 000元备用。

（2）7日，张明去北京采购材料，不方便携带现款，故委托开户银行汇款100 000元到北京开立采购专户，并从财务预借差旅费5 000元，财务以现金支付。

（3）12日，在对现金的日常清查中，发现现金短缺235元。原因正在调查。

（4）18日，张明出差回来，交回采购有关的供应单位发票账单，共支付材料款项93 600元，其中，材料价款80 000元，增值税13 600元，余款退回，货物5天后才到达。

（5）25日张明出差回来报销差旅费4 830元，余款退回。

（6）30日，发现短缺的现金是由于出纳员刘建的工作失职造成的，应由其负责赔偿。

要求：根据上述材料，不考虑其他因素，分析回答下列第1～6小题。

1. 根据资料（1），应填制的记账凭证是（　　）。

A. 现金收款凭证　　　　B. 现金付款凭证

C. 银行存款收款凭证　　D. 银行存款付款凭证

2. 对资料（2）中经济业务的会计处理正确的是（　　）。

A. 借：其他应收款——张明　5 000
　　贷：库存现金　5 000

B. 借：其他货币资金——银行汇票存款　100 000
　　贷：银行存款　100 000

C. 借：管理费用——差旅费　5 000
　　贷：库存现金　5 000

D. 借：其他货币资金——外埠存款　100 000
　　贷：银行存款　100 000

3. 根据资料（3）中经济业务，编制的会计分录中借方和贷方正确的选择是（　　）。

A. 借：待处理财产损溢　235　　B. 贷：待处理财产损溢　235

C. 贷：库存现金　235　　D. 借：库存现金　235

4. 根据资料（4）中经济业务，编制的会计分录正确的是（　　）。

A. 借：原材料　　80 000
　　应交税费——应交增值税（进项税额）　　13 600
　　贷：银行存款　　93 600

B. 借：原材料　　80 000
　　应交税费——应交增值税（进项税额）　　13 600
　　银行存款　　6 400
　　贷：其他货币资金——外埠存款　　100 000

C. 借：在途物资　　80 000
　　应交税费——应交增值税（进项税额）　　13 600
　　银行存款　　6 400
　　贷：其他货币资金——外埠存款　　100 000

D. 借：在途物资　　80 000
　　应交税费——应交增值税（进项税额）　　13 600
　　银行存款　　6 400
　　贷：其他货币资金——银行汇票存款　　100 000

5. 根据资料（5）中经济业务，编制的会计分录正确的是（　　）。

A. 借：管理费用　　4 830
　　贷：库存现金　　4 830

B. 借：管理费用　　4 830
　　贷：其他应收款——张明　　4 830

C. 借：管理费用　　4 830
　　库存现金　　170
　　贷：其他应收款——张明　　5 000

D. 借：管理费用　　4 830
　　银行存款　　170
　　贷：其他应收款——张明　　5 000

6. 对资料（6）中的经济业务的会计处理错误的是（　　）。

A. 若现金短缺无法查明原因，则应计入“管理费用”

B. 若现金短缺无法查明原因，则应计入“营业外支出”

C. 若现金短缺无法查明原因，则应冲减“营业外收入”

D. 由刘建工作失误造成的损失部分应计入“其他应收款”

（二）美芝源公司2018年3月发生下列与货币资金相关的经济业务：

（1）3月10日，提现10 800元，备发工资。

（2）3月10日，以现金发放本月职工工资10 800元。

（3）3月12日，经批准，将银行账户中的50 000元存入证券公司的证券专户，用于未来购买交易性金融资产。

（4）3月15日，用银行存款10 000元支付租入包装物的押金。

（5）3月20日，企业在现金清查中，发现库存现金短缺40元，原因待查。

（6）3月28日，经查，20日的现金短缺中，20元由出纳员刘立赔偿，其余部分经批准转作管理费用。

要求：根据上述材料，不考虑其他因素，分析回答下列第1～6小题。

1. 根据资料（1），企业能从（　　）提取用于发放工资的现金。

A. 基本存款账户　　B. 一般存款账户

C. 临时存款账户　　D. 专用存款账户

2. 对资料（2）中经济业务的会计处理正确的是（　　）。

A. 借：应付职工薪酬　10 800

　　贷：库存现金　10 800

B. 借：应付职工薪酬　10 800

　　贷：银行存款　10 800

C. 借：其他货币资金——存出投资款　10 800

　　贷：库存现金　10 800

D. 借：其他货币资金——外埠存款　10 800

　　贷：银行存款　10 800

3. 根据资料（3）中经济业务，进行账务处理时涉及的账户有（　　）。

A. 银行存款　　B. 交易性金融资产

C. 其他货币资金——埠存款　　D. 其他货币资金——存出投资款

4. 根据资料（4）中经济业务，编制的会计分录正确的是（　　）。

A. 借：应付账款　10 000

　　贷：银行存款　10 000

B. 借：银行存款　10 000

　　贷：其他货币资金——外埠存款　10 000

C. 借：其他应收款　10 000

　　贷：银行存款　10 000

D. 借：其他货币资金——银行汇票存款　10 000

　　贷：银行存款　10 000

5. 根据资料（5）中经济业务，不属于现金实物清查方法的是（　　）。

A. 实地盘点法　　B. 核对法

C. 技术推算法　　D. 发函询证法

6. 对资料（6）中的经济业务，进行账务处理时涉及的账户有（　　）。

A. 库存现金　　B. 管理费用

C. 其他应收款　　D. 待处理财产损溢

2 学习情境二 往来业务核算

内容概要

- 债权
  - 应收账款
    - 应收账款入账时间及入账金额
    - 商业折扣和现金折扣
    - 应收账款业务核算
      - 应收账款的确认
      - 应收账款的收回
      - 现金折扣的产生
  - 应收票据
    - 应收票据的分类
    - 应收票据期限的确定方法
    - 应收票据业务核算(不带息票据)
      - 收到商业汇票
      - 到期收回商业汇票款项
      - 商业汇票贴现
        - 带追索权商业汇票贴现
        - 不带追索权商业汇票贴现
  - 预付账款
    - 预付购货定金
    - 购入所需物资
    - 多退少补定金
    - 预付账款转出
  - 其他应收款
    - 其他应收款的核算内容
    - 其他应收款业务核算
      - 定额备用金
      - 存出保证金
      - 应收赔款、罚款、租金等
  - 坏账损失
    - 坏账损失确认的条件
    - 坏账损失业务核算
      - 计提或转回坏账准备
      - 确认坏账
      - 本期收回前期核销的坏账

- 债务
  - 应付账款
    - 应付账款入账金额的确认
    - 完成赊销业务
    - 偿还欠款
  - 应付票据
    - 签发承兑商业汇票
    - 到期付款
    - 到期无力付款的银行承兑汇票
  - 预收账款
    - 预收销货定金
    - 实现销售
    - 补收欠款或退回多收定金
  - 其他应付款
    - 其他应付款核算内容
    - 其他应付款业务核算
      - 存入保证金
      - 应付赔款、罚款
      - 应付租金等

学习内容

一、应收账款

应收账款是指企业在正常的经营过程中因销售商品、产品、提供劳务等业务，应向购买单位收取的款项，包括应由购买单位或接受劳务单位负担的税金、代购买方垫付的各种运杂费等。

（一）应收账款的入账金额

产品、商品售价，代收的增值税和代垫的运杂费。

（二）商业折扣和现金折扣的表示方法

商业折扣采用百分比的方式表示，现金折扣采用分数形式表示，分子代表折扣百分比，分母代表天数。

现金折扣采用总价法核算。

（三）应收账款的核算

（1）赊销交易完成，借记“应收账款”，贷记“主营业务收入”和“应交税费”。

（2）应收账款的收回，借记“银行存款”，贷记“应收账款”。

（3）现金折扣的产生，借记“银行存款”、“财务费用”，贷记“应收账款”。

（4）收到购货方承兑商业汇票抵偿欠款，借记“应收票据”，贷记“应收账款”。

二、应收票据

应收票据是指企业持有的未到期或未兑现的商业票据。是一种载有一定付款日期、付款地点、付款金额和付款人的无条件支付的流通证券，也是一种可以由持票人自由转让给他人的债权凭证。

（一）应收票据的分类

按承兑人不同分为商业承兑汇票和银行承兑汇票。

按是否带息分为带息商业汇票和不带息商业汇票。

（二）应收票据的核算

1. 收到应收票据，按面值入账，借记“应收票据”，贷记“主营业务收入”“应交税费”等。

2. 收回到期票款，按银行收账通知借记“银行存款”，贷记“应收票据”。带息票据未计提的利息贷记“财务费用”。

3. 商业汇票的贴现

（1）到期值 = 面值 + 面值 × 票面利率 × 票据期限

（2）贴现息 = 到期值 × 银行贴现率 × 贴现期限

（3）贴现所得 = 到期值 - 贴现息

票据期限指商业汇票签发日至到期日。

贴现期限指贴现日至到期日。

三、预付账款的核算

（1）预付购货定金，借记“预付账款”，贷记“银行存款”。

注：“预付账款”可用“应付账款”替代。

（2）购进存货，借记“在途物资”“材料采购”“原材料”“库存商品”“周转材料”等，一般纳税人增值税还要借记“应交税费——应交增值税（进项税额）”，贷记“预付账款”。

（3）补付购货欠款同预付订金。

（4）收到退回的多余定金，借记“银行存款”，贷记“预付账款”。

注意：预付账款明细科目期末余额可能在借方，也可能在贷方，借方余额会计信息为已经预交的购货定金，贷方余额会计信息为存货已经购进，还应补付的欠款。

四、其他应收款

（一）其他应收款的内容

（二）其他应收款的核算

五、债权减值

（一）坏账和坏账损失的概念

坏账是指企业无法收回或收回的可能性极小的应收款项；坏账损失是指由于坏账而产生的损失。

（二）坏账损失的核算

准则规定使用备抵法核算。

（1）确认坏账，转销坏账损失。

（2）计提坏账准备：常用计算方法有应收款项余额百分比法和账龄分析法。

（3）收回已经核销的坏账。

注意：对于单项金额较大、对企业影响重大的应收款项应单独进行减值测试。

六、应付账款

应付账款是指因购买材料、商品或接受劳务供应等而发生的债务。

（一）赊购业务交易完成，收到单据，确认应付账款

（二）支付欠款及享有现金折扣

（三）开出承兑商业汇票抵偿欠款

七、应付票据

应付票据是指企业在商品购销活动和对工程价款进行结算因采用商业汇票结算方式而发生的，由出票人出票，委托付款人在指定日期无条件支付确定的金额给收款人或持票人的票据。

（一）开出承兑商业汇票

一律按商业汇票面值入账。借记相关科目，贷记“应付票据”。

（二）按期计提带息商业汇票应付利息

（三）到期付款

（四）到期无法支付承兑的商业承兑汇票款

借记“应付票据”，贷记“应付账款”。

（五）到期无法偿还银行的银行承兑汇票款

借记“应付票据”，贷记“短期借款”。

八、预收账款

预收账款是企业按照合同规定或交易双方之约定，向购买单位或接受劳务的单位在未发出商品或提供劳务时预收的款项。

(一) 预收销货定金

(二) 销售产品，开出发票，确认收入

(三) 收到补付的货款

(四) 退回多收的销货定金

九、其他应付款

(一) 其他应付款的核算内容

(二) 其他应付款的核算

同步练习题

一、单项选择题

1. 企业的应收票据是指销售商品或提供劳务时收到的（　　）。

A. 支票　　B. 银行本票

C. 银行汇票　　D. 商业汇票

2. 某企业2018年5月10日销售产品一批，销售收入40 000元，规定的现金折扣条件为2/10，1/20，n/30，适用增值税税率17%。5月26日收到该笔款项时，应给予客户的现金折扣为（　　）。

A. 0　　B. 400

C. 468　　D. 936

3. 某企业2018年初“坏账准备”账户的贷方余额为0.5万元，该年7月转销应收款项1万元。年末应收款项的余额为600万元，估计的坏账损失率为5‰，该企业年末应补提的坏账准备为（　　）。

A. 15 000　　B. 20 000

C. 30 000　　D. 35 000

4. 一张商业汇票的签发日为5月30日，期限2个月，则该票据的到期日为（　　）。

A. 7月29日　　B. 7月30日

C. 7月31日　　D. 8月01日

5. 某企业增值税税率17%。某月销售商品一批，商品标价10 000元，合同约定商业折扣20%。企业销售商品时代垫运杂费200元，则应收账款的入账金额为（　）元。

A. 9 300　　B. 9 560

C. 9 700　　D. 9 900

6. 预付货款业务不多的企业，可以不设置“预付账款”账户，通过（　　）账户核算。

A. 应付账款　　B. 应收账款

C. 其他应付款　　D. 其他应收款

7. 下列交易或事项不属于“其他应收款”核算内容的是（　　）。

A. 存出的保证金　　B. 销售商品代垫的运杂费

C. 应收取出租资产的租金　　D. 向出差人员预付的差旅费

8. 某企业销售商品一批，增值税专用发票上注明的价款为 100 万元，适用的增值税税率 17%，为购买方代垫包装费 3 万元，运杂费 2 万元，款项尚未收回。该企业确认的应收账款为（　　）万元。

A. 105　　B. 117

C. 119　　D. 122

9. 某企业根据对应收款项收回风险的估计，决定对应收账款和其他应收款按其余额的 5% 于每年年末计提坏账准备。2016 年 12 月 1 日，“坏账准备”科目借方余额为 30 000 元。2016 年 12 月 31 日，“应收账款”科目借方余额为 700 000 元，“应收票据”科目借方余额为 200 000 元，“其他应收款”科目借方余额为 100 000 元。则该企业 2016 年 12 月 31 日应补提的坏账准备是（　　）元。

A. 10 000　　B. 65 000

C. 70 000　　D. 80 000

10. 某企业增值税税率 17%，2018 年 10 月 8 日销售商品 100 件，该商品标价 150 元/件，合同规定 10% 的商业折扣。购货方尚未支付货款，则该企业应收账款的入账价值是（　　）元。

A. 15 795　　B. 17 250

C. 17 400　　D. 17 550

11. 甲公司为增值税一般纳税企业，适用增值税税率 17%。2018 年 8 月 8 日甲公司向乙公司销售一批商品，产品标价 200 000 元，因属于批量销售，甲公司同意给予乙公司 10% 的商业折扣；同时为了鼓励乙公司及早还款，还规定了按含增值税的售价计算的现金折扣条件：2/10、1/20、n/30。假定甲公司 8 月 15 日收到该笔销售价款，则实际收到的价款为（　　）元。

A. 206 388　　B. 210 600

C. 229 320　　D. 234 000

12. 甲公司 2016 年 6 月 6 日销售产品一批，货款为 1 000 万元，增值税税率 17%。销售当日甲公司收到购货方 1 张已承兑的为期 3 个月的商业承兑汇票。则甲公司应收票据的入账金额是（　　）万元。

A. 830　　B. 1 000

C. 1 034　　D. 1 170

13. 企业在连续提取坏账准备的情况下，“坏账准备”科目期末余额如为贷方余额，其反映的内容是（　　）。

A. 已经发生的坏账损失

B. 本年提取的坏账准备

C. 企业已提取但尚未转销的坏账准备数额

D. 上年末坏账准备的余额小于本年确认的坏账损失部分

14. 2017年2月28日签发的为期1个月的票据，其到期日为（ ）。

A. 3月28日　　B. 3月29日

C. 3月30日　　D. 3月31日

15. 如果贴现未计提利息的带息应收票据并且不负有连带还款责任，应按实际收到的金额借记“银行存款”账户，按票据面值贷记“应收票据”账户，按其差额贷记“财务费用”账户，此差额指的是（ ）。

A. 票据的利息　　B. 票据的贴息

C. 票据的利息与票据的贴息之差　　D. 票据的面值与票据的贴息之差

16. 2018年6月1日，某企业销售商品收到面值10 000元、票面利率6%、期限6个月的银行承兑汇票。10月1日，该企业将上述票据到银行贴现，银行贴现率为8%。该企业6月末对票据计提利息50元。则票据贴现时影响10月份的财务费用的金额为（ ）元。

A. －10.30　　B. －112.67

C. －137.33　　D. －300

17. 企业已贴现的不带息商业承兑汇票，由于承兑人的银行账户不足支付，企业收到银行退回的应收票据和支款通知时，企业应按支款通知单的金额，编制会计分录（ ）。

A. 借记“应收票据”科目，贷记“短期借款”科目

B. 借记“应收账款”科目，贷记“短期借款”科目

C. 借记“短期借款”科目，贷记“银行存款”科目

D. 借记“应收票据”科目，贷记“应付账款”科目

18. 企业已贴现的带息商业承兑汇票，由于承兑人到期未向贴现银行支付款项，贴现银行将商业承兑汇票退还企业，并从贴现企业的银行账户中扣款，银行扣款的金额是（ ）。

A. 票据面值　　B. 票据到期值

C. 票据贴现净值　　D. 票据面值加上贴现利息

19. 下列应收、暂付款项中，不通过“其他应收款”科目核算的是（ ）。

A. 预付给企业内部各单位备用金　　B. 应向购货方收取的代垫运杂费

C. 应向职工收取的各种垫付款项　　D. 应向运输部门索赔的材料短缺赔款

20. 某公司2016年10月1日开出一张面值100 000元、6个月到期的不带息商业承兑汇票，则该应付票据2016年12月31日的账面余额为（ ）元。

A. 100 000　　B. 101 500

C. 102 500　　D. 105 000

21. 开出并承兑的银行承兑汇票到期如果不能支付，则付款人应将应付票据到期值转入（ ）账户。

A. 应收账款　　　　B. 应付账款

C. 短期借款　　　　D. 其他应付款

二、多项选择题

1. 应收账款的核算内容包括（　　）。

A. 应收增值税款　　　　B. 应收代垫运杂费

C. 应收商品、劳务的价款　　　　D. 应收各种赔款、违约金

2. 非租赁公司的下列项目应由“其他应收款”账户核算的有（　　）。

A. 备用金　　　　B. 提供劳务

C. 存出保证金　　　　D. 应收固定资产出租的租金

3. 下列项目按照会计准则规定应该提取坏账准备的债权有（　　）。

A. 应收票据　　　　B. 应收账款

C. 预付账款　　　　D. 其他应收款

4. 下列事项中，应记入“坏账准备”科目贷方的有（　　）。

A. 收回以前已确认的坏账　　　　B. 按规定补提的坏账准备

C. 转销无法收回的应收账款　　　　D. 转销无法支付的应付账款

5. 下列项目中应通过“其他应收款”核算的有（　　）。

A. 应收的各种罚款　　　　B. 收取的各种押金

C. 应向职工收取的各种垫付款项　　　　D. 实行定额备用金制的企业日常报销时

6. 某企业坏账损失采用备抵法核算，已作为坏账损失处理的应收账款 2 000 元，今又收回，正确的处理方法包括（　　）。

A. 借：银行存款　　2 000

　　贷：应收账款　　2 000

B. 借：应收账款　　2 000

　　贷：坏账准备　　2 000

　借：银行存款　　2 000

　　贷：应收账款　　2 000

C. 借：坏账准备　　2 000

　　贷：银行存款　　2 000

D. 借：银行存款　　2 000

　　贷：坏账准备　　2 000

7. 按现行制度规定，需要在“应收票据”或“应付票据”科目下核算的票据包括（　　）。

A. 银行汇票　　　　B. 银行本票

C. 商业承兑汇票　　　　D. 银行承兑汇票

8. 某企业持有一张 90 天期限，面值 45 000 元，利率 10% 的商业承兑汇票，45 天后到银行贴现，协议约定到期不负有付款责任，贴现率为 12%，该业务会导致贴现月末的资产负债表中（　　）。

A. 应收票据项目增加　　　　B. 应收票据项目减少

C. 货币资金项目增加45 433.125元　　D. 货币资金项目减少45 433.125元

9. 下列项目中，哪些可以作为计提坏账准备的依据（　　）。

A. 存出保证金　　B. 应收的赔款

C. 代购货单垫付的运杂费　　D. 预付给供货单位的购货款

10. 证明应收款项不能够收回或收回的可能性不大的确凿证据有（　　）。

A. 债务单位已撤销、破产

B. 逾期3年以上的应收款项

C. 债务单位资不抵债，现金流量严重不足

D. 发生严重自然灾害等导致停产而短时期无法偿债

11. 按现行企业会计制度规定，下列选项中正确的有（　　）。

A. 企业应当在期末分析各项应收款项的可收回性，并预计可能产生的坏账损失。对预计可能发生的坏账损失，计提坏账准备

B. 企业持有的未到期应收票据，如有确凿证据证明不能够收回或收回的可能性不大时，不应将其账面余额转入应收账款，但应计提相应的坏账准备

C. 企业计提坏账准备的方法由企业自行确定。企业应当制定计提坏账准备的政策，明确计提坏账准备的范围、提取方法、账龄的划分和提取比例，按照法律、行政法规的规定报有关方备案

D. 企业的预付账款，如有确凿证据表明其不符合预付账款性质，或者因供货单位破产、撤销等原因已无望再收到所购货物的，应当将原计入预付账款的金额转入其他应收款，并按规定计提坏账准备

12. 按现行企业会计制度规定，下列各项应收款项中，不能全额计提坏账准备的有（　　）。

A. 当年发生的应款项　　B. 计划对应收款项进行重组

C. 与关联方发生的应款项

D. 其他已逾期，但无确凿证据表明不能收回的应收款项

13. 一般纳税企业会计核算上，可以作为确定购入货物或接受应税劳务支付的可以抵扣的增值税（进项税额）并作为记账依据的凭证有（　　）。

A. 增值税专用发票　　B. 增值税普通发票

C. 进口货物的完税凭证　　D. 收购免税农产品的收购凭证

14. 下列各项中，可计入“其他应付款”科目核算的有（　　）。

A. 存出保证金　　B. 收到的包装物押金

C. 职工未按期领取的工资　　D. 应付租入包装物的租金

15. 下列关于应付账款的处理中，正确的有（　　）。

A. 应付账款一般按到期应付金额的现值入账

B. 货物已到但发票账单未同时到达，待月份终了时暂估入账

C. 货物与发票账单同时到达，待货物验收入库后，按发票账单登记入账

D. 如果购入资产形成了一笔应付账款时是带有现金折扣的，则直接扣除现金折扣，冲减财务费用

16. 关于“预付账款”账户，下列说法正确的有（　　）。

A. “预付账款”是属于资产性质的账户

B. “预付账款”账户核算企业因销售业务产生的往来款项

C. “预付账款”账户贷方余额反映的是应付供应单位的款项

D. 预付货款不多的企业，可以不单独设置“预付账款”账户，将预付的货款记入“应付账款”账户的借方

17. 下列各项，会引起期末“应收账款”账面价值发生变化的有（　　）。

A. 收回应收账款　　B. 收回已转销的坏账

C. 计提应收账款坏账准备　　D. 结转到期不能收回的应收票据

18. 计算带息商业汇票的到期值时，应考虑的因素有（　　）。

A. 票面利率　　B. 票面金额

C. 票据期限　　D. 贴现率

19. 下列各项中，可以作为坏账处理的有（　　）。

A. 到期的应收票据，付款单位无款支付

B. 因债务人破产，依照法律清偿后确实无法收回的应收账款

C. 债务人逾期未履行偿债义务超过 3 年，仍不能收回的应收账款

D. 债务人死亡，既无遗产可供清偿又无义务承担人，确实无法收回的应收账款

三、判断题

1. 应收账款属于金融资产。（　　）

2. 应收账款由于企业赊销活动所引起，其入账时间通常与销售收入的实现时间一致。（　　）

3. 应收账款账户核算企业因销售产品、提供劳务和职工借款等业务，应向购货单位或本单位职工个人收取的款项。（　　）

4. 存在商业折扣销售的情况下应按折扣后的金额作为应收账款的入账金额。（　　）

5. 在我国，应收账款入账金额应该采用总价（额）法确定。（　　）

6. 在存在现金折扣的条件下，应收账款应以发票账单的金额减去现金折扣的金额作为入账价值。（　　）

7. 2 月 28 日（非闰月）开出期限为 2 个月的商业承兑汇票，到期日为 4 月 28 日。（　　）

8. 不带息票据贴现时，贴现所得与应收票据账面余额的差额一定记入“财务费用”账户的借方。（　　）

9. 不带息票据按面值入账，带息票据按现值入账。（　　）

10. 贴现率就是票据的票面利率。（　　）

11. 应收票据和其他应收款同样有发生坏账的风险，所以也对其计提坏账准备。（　　）

12. 对于单项金额重大的应收款项，应单独进行减值测试。（　　）

13. 应收款项计提坏账准备体现了谨慎性原则。（　　）

14. “坏账准备”科目的余额平时可能在借方，也可能在贷方或无余额。（　　）

15. “坏账准备”科目年末结账后的余额肯定在贷方或无余额。 ( )

16. 对于企业确实无法收回的应收款项，经批准作为坏账损失，应借记“坏账准备”科目，贷记“应收票据”“应收账款”“其他应收款”等科目。 ( )

17. 已确认并转销的应收款项以后又重新收回的，可以按实际收回的金额，借记“银行存款”，贷记“坏账准备”科目。 ( )

18. 企业支付的包装物押金，应通过“其他应收款”科目核算，收取的包装物押金，应通过“其他应付款”科目核算。 ( )

19. 预付账款和应收账款都是资产项目，他们可以互换使用。 ( )

20. 预付货款可以在“应付账款”科目核算，因此，预付货款时可以减少企业的负债总额。 ( )

21. 预付货款业务不多的企业，可以不单独设置“预付账款”账户，而将预付的货款直接记入“应收账款”账户的借方。 ( )

22. 应收款项减值准备的提取使得资产负债表中的应收款项价值更真实、可靠。 ( )

23. 在账龄分析法下，估计的坏账损失率是由国家规定的。 ( )

四、综合训练题

（一）华兴公司为增值税一般纳税人，增值税税率为17%。销售商品的同时结转销售成本。年末公司只对应收账款采用应收款项余额百分比法进行减值测试，计提坏账准备，估计的坏账比例为3%。2016年年初应收账款总额200万元，坏账准备账户余额6万元。2016年发生如下经济业务：

1. 向A公司销售商品10 000件，每件商品的标价为80元。为了鼓励多购商品，公司同意给予A公司10%的商业折扣。开出的增值税专用发票上注明：售价总额720 000元，增值税额为122 400元。该商品成本55元/件，商品已发出，货款已收存银行。

2. 向B公司销售商品一批，开出的增值税专用发票上注明的售价总额600 000元，增值税额102 000元。销售成本400 000元。华兴公司为了及早收回货款，在合同中规定了现金折扣件：2/10，1/20，n/30。

3. 售出后的第8天，收到B公司的款项，并存入银行。

4. 东沙厂按合同规定预付购货款80 000元，款已收存银行。

5. 向东沙厂发出商品，开出的增值税专用发票上注明售价150 000元，增值税25 500元，同时已向银行办妥了委托收款手续。该商品的成本120 000元。

6. 2天后，收到银行收账通知，东沙厂欠款已如数收到。

7. 收到银行收账通知，委托银行向佳康电机厂收取的商业承兑汇票款250 000元到账。

8. 向C公司售出产品一批，开出增值税专用发票，价税共计234 000元，收到已承兑的商业承兑汇票1张，期限3个月。

9. 由于资金紧张，将1张面额为400 000元的不带息商业承兑汇票（该商业汇票期限5个月，已持有2个月）向银行申请贴现，月贴现率7.5‰，签订的贴现协议中规定商业汇票到期时企业负连带付款责任。

10. 上述贴现票据到期，付款方无力付款，银行转来付款通知，从本企业账户中划走款项 300 000 元；同时收到银行 100 000 元的借款通知。

11. 从乙公司购买原材料一批，收到的增值税专用发票上注明该商品价款 200 000 元，增值税 34 000 元；材料已验收入库，款项尚未支付。合同中约定的现金折扣条件为 3/10 和 n/30。

12. 第 7 天支付上述乙公司的欠款。

13. 向乙公司预付材料购买定金 50 000 元。

要求：根据上述经济业务编制会计分录。

（二）某企业采用账龄分析法估算坏账损失，有关应收账款账龄以及估计的坏账率见表 2－1。

表 2－1　应收账款账龄分析表

2018 年 12 月 31 日　　单位：元

购货单位	账面余额	账龄					
		未到期	过期 30 天	过期 60 天	过期 90 天	过期 6 个月	过期 6 个月以上
A 企业	2 500	2 500					
B 企业	6 000		6 000				
C 企业	3 000			3 000			
D 企业	6 500				6 500		
E 企业	5 500					5 500	
F 企业	5 000						5 000
合计	28 500	2 500	6 000	3 000	6 500	5 500	5 000
估计坏账比例		1%	3%	8%	15%	20%	35%
估计坏账损失							

要求：根据以下 4 种情况编制补提或冲回坏账准备的会计分录。

（1）如果该企业“坏账准备”账户没有余额；

（2）如果该企业“坏账准备”账户贷方余额为 470 元；

（3）如果该企业“坏账准备”账户贷方余额为 5 000 元；

（4）如果该企业“坏账准备”账户借方余额为 1 230 元。

（三）A 公司从 2013 年开始按年（每年 12 月 31 日）对单笔金额 10 万元以上的应收款项单独进行减值测试，计提坏账准备。2016 年 12 月 31 日，公司应收账款账面余额显示 C 公司欠本公司一笔销货款 200 万元，因 C 公司财务困难已逾期 2 年未收回。参照具有类似信用风险特征的应收账款的历史损失率，估计其损失率为 20%。至 2017 年 12 月 31 日，C 公司所欠款项仍未收回，估计损失率为 80%。2018 年 4 月 12 日，C 公司宣告破产。2018 年 5 月 20 日，C 公司以其破产财产（现金）抵偿 110 万元，剩余款项无法收回。2018 年 5 月 25 日，A 公司董事会决定，转销无法收回的剩余款项 90 万元，同时注销该笔销货款剩余的坏账准备。要求：处理 A 公司与该项应收账款减值相关的经济业务。

五、不定项选择题

(一) 大洋公司为增值税一般纳税人，适用的增值税税率为 17%。每年年末采用应收款项余额百分比法对应收账款计提坏账准备，2017 年 11 月末，应收账款总额 300 万元，“坏账准备”账户贷方余额 9 万元，公司估计的坏账比例 3%。2017 年 12 月发生如下经济业务：

(1) 10 日，向甲公司销售商品一批，增值税专用发票上注明价款 100 万元，增值税 17 万元，为购买方代垫包装费 3 万元，运费 2 万元，其他杂费 1 万元，商品已经发出，合同中规定的现金折扣条件为：2/10，1/20，n/30，款项尚未收回。

(2) 10 日，2011 年 8 月确认为坏账的 2 万元因乙公司财务状况好转收回存入银行。

(3) 15 日，收到甲公司支付的款项存入银行。

(4) 18 日，丙公司财务发生严重困难，短期内确认无法偿还所欠本公司欠款 8 万元，经董事会决议，将丙公司欠款确认为坏账。

(5) 20 日，预收乙公司购货款 10 万元存入银行。

(6) 30 日，向丁公司赊销商品一批，开出的增值税发票上注明售价 60 万元，增值税 10.2 万元。

要求：根据上述材料，不考虑其他因素，分析回答下列第 1 ~ 6 小题。

1. 根据资料 (1)，应收账款的入账金额正确的是 (　　)。

A. 应收账款应该确认 123 万元　　B. 应收账款应该确认 120 万元

C. 应收账款应该确认 119.86 万元　　D. 应收账款应该确认 122.86 万元

2. 根据资料 (1)，下列说法正确的是 (　　)。

A. 若甲公司 2017 年 12 月 15 日付清货款，该企业实际收款金额应为 121.00 万元

B. 若甲公司 2017 年 12 月 26 日付清货款，该企业实际收款金额应为 121.83 万元

C. 若甲公司 2017 年 12 月 26 日付清货款，该企业实际收款金额应为 122.00 万元

D. 若甲公司 2017 年 12 月 31 日付清货款，该企业实际收款金额应为 123.00 万元

3. 根据资料 (3)，下列项目不正确的是 (　　)。

A. 甲公司少付的 2 万元现金折扣，借记“财务费用”

B. 甲公司少付的 2 万元现金折扣，贷记“财务费用”

C. 大洋公司产生的 2 万元现金折扣，借记“财务费用”

D. 大洋公司产生的 2 万元现金折扣，贷记“财务费用”

4. 根据资料 (5)，下列说法正确的是 (　　)。

A. 预收乙公司的 10 万元可记入“应收账款”的借方

B. 预收乙公司的 10 万元可记入“应收账款”的贷方

C. 预收乙公司的 10 万元可记入“预收账款”的借方

D. 预收乙公司的 10 万元可记入“预收账款”的贷方

5. 根据资料 (2) 和资料 (4)，编制的会计分录正确的是 (　　)。

A. 借：银行存款　　20 000

　　贷：坏账准备　　20 000

B. 借：坏账准备　　20 000

贷：银行存款　20 000

C. 借：坏账准备　80 000

　　贷：应收账款　80 000

D. 借：应收账款　80 000

　　贷：坏账准备　80 000

6. 根据上述资料，2017 年大洋公司应补提的坏账准备金额为（　　）万元。

A. 8　　B. 7.866

C. 8.106　　D. 10.866

（二）B 公司为增值税一般纳税人，2018 年发生如下经济业务：

（1）1 月 4 日，收到甲公司银行汇票 1 张，金额 117 000 元，支付上月所欠购货款。

（2）2 月 29 日，出售商品一批，售价总额为 200 000 元，增值税税率 17%，收到已承兑的不带息银行承兑汇票 1 张，期限 2 个月。

（3）3 月 11 日，由于资金周转紧张，公司持上述银行承兑汇票到银行贴现，贴现率为 5%。

（4）4 月 10 日，出售商品一批，价税合计 1 170 000 元，收到已承兑的带息商业承兑汇票 1 张，票面利率 3%，期限 3 个月。

（5）4 月 10 日，收取出租包装物押金 10 000 元，存入银行。

要求：根据上述材料，不考虑其他因素，分析回答下列第 1 ~ 6 小题。

1. 根据资料（1），B 公司收到银行汇票，应该借记（　　）科目。

A. 应收票据　　B. 应收账款

C. 其他应收款　　D. 其他货币资金

2. 根据资料（2），B 公司应收票据的入账金额是（　　）。

A. 166 000　　B. 200 000

C. 203 400　　D. 234 000

3. 根据资料（2）和（3），下列说法正确的是（　　）。

A. 该商业汇票的贴现天数是 50 天　　B. 该商业汇票的到期日是 4 月 29 日

C. 该商业汇票的贴现利息是 1 625 元　　D. 该商业汇票的贴现金额是 232 375 元

4. 根据资料（3），下列说法正确的是（　　）。

A. 贴现时，按面值贷记“应收票据”科目

B. 贴现时，按面值贷记“短期借款”科目

C. 贴现金额和商业汇票面值的差额借记“财务费用”科目

D. 贴现金额和商业汇票面值的差额贷记“财务费用”科目

5. 根据资料（4）判断，计算带息商业汇票的到期值时，应考虑的因素有（　　）。

A. 贴现率　　B. 票面金额

C. 票据期限　　D. 票面利率

6. 根据资料（5），下列说法正确的是（　　）。

A. 收取的包装物押金记入“应付账款”科目

B. 收取的包装物押金记入“应收账款”科目

C. 收取的包装物押金记入“其他应付款”科目

D. 收取的包装物押金记入“其他应收款”科目

3 学习情境三 存货核算

内容概要

- 存货核算
  - 原材料核算
    - 存货的内容及计量方式
    - 原材料按照实际成本核算
    - 原材料按照计划成本核算
    - 存货盘亏和盘盈的账务处理
    - 存货减值的账务处理
  - 周转材料核算
    - 包装物的确认及账务处理
    - 低值易耗品的确认及账务处理
  - 委托加工物资核算
    - 委托加工物资概念及成本确认
    - 委托加工物资账务处理
  - 库存商品核算
    - 毛利率法和售价金额法计算
    - 库存商品会计处理

学习内容

一、原材料核算

(一) 存货的确认

(二) 存货的计量

1. 存货的初始计量

对于采购存货，存货成本包括采购成本、加工成本和其他成本。

(1) 存货的采购成本一般包括采购价格、进口关税和其他税金、运输费、装卸费、保险费以及其他可归属于存货采购成本的费用。

(2) 存货的加工成本，是指在存货的加工过程中发生的追加费用，包括直接人工以及按照一定方法分配的制造费用。

(3) 存货的其他成本，是指除采购成本、加工成本以外的，使存货达到目前场所和状态所发生的其他支出。企业设计产品发生的设计费用通常应计入当期损益，但是为特定客户设计产品所发生的、可直接确定的设计费用应计入存货的成本。

2. 存货的后续计量

企业在确定发出存货的成本时，可以采用先进先出法、月末一次加权平均法、移动加权平均法和个别计价法4种方法。

（三）原材料核算

1. 原材料按实际成本计价的核算

（1）货款已经支付，同时原材料（存货）已验收入库。

（2）货款尚未支付，外购原材料（存货）已经验收入库。

（3）货款已经支付或开出商业汇票，外购原材料（存货）尚未到达或尚未验收入库。

（4）预付货款方式购买原材料（存货）。

（5）原材料（存货）期末暂估入账。

（6）发出原材料。

2. 原材料采用计划成本核算

原材料按计划成本进行核算是指，从材料的收发凭证到明细分类账和总账，均以计划成本加以计量。实际成本与计划成本之间的差异，单独通过“材料成本差异”科目进行核算，并于月末将领用材料的计划成本调整为实际成本。

（四）存货期末计量

1. 存货清查的核算

（1）盘盈存货。批准处理前，应将盘盈存货按重置成本计入“待处理财产损溢”科目的贷方；经批准处理后或期末，应将盘盈存货的成本冲减“管理费用”。

（2）盘亏存货。批准处理前，应将盘亏存货的实际成本计入“待处理财产损溢”科目借方，批准处理后或期末，应分别盘亏的不同原因做出处理。如属合理损耗（定额内损耗），计入“管理费用”；如属超定额损耗，能确定过失人的，由过失人赔偿部分先计入“其他应收款”，不能确定过失人的部分计入“管理费用”；如属非常损失，则扣除保险赔款和残值后计入“营业外支出”。

2. 存货减值的核算

资产负债表日，存货应采用成本与可变现净值两者之中较低者计价的方法，即成本与可变现净值孰低法，确定存货的期末价值。

（1）可变现净值的计算。对于产成品、商品和用于出售的材料等直接用于出售的商品存货，应当以该存货的估计售价减去估计的销售费用和相关税费后的金额确定其可变现净值；需要经过加工的材料存货，在正常生产经营过程中，应当以所生产的产成品的估计售价减去至完工时估计将要发生的成本、估计的销售费用和相关税费后的金额确定其可变现净值。

（2）成本与可变现净值孰低法的具体应用。包括单项比较、分类比较和综合比较。

（3）存货采用成本与可变现净值孰低法计价时的账务处理。企业应设置“存货跌价准备”和“资产减值损失”科目。“存货跌价准备”，属于资产备抵类科目，借方登记转销的存货减值准备，贷方登记计提的存货减值准备，其余额应在贷方。“资产减值损失"，属于损益类科目，借方登记计提的资产减值损失，贷方登记结转本年利润和转回的流动资产减值损失，期末结转后无余额。

二、周转材料核算

（一）周转材料的内容

（二）包装物的核算

（1）生产过程中用于包装产品作为产品组成部分的包装物，计入"生产成本"科目。

（2）随同商品、产品出售而不单独计价的包装物，在出售时计入"销售费用"科目。

（3）随同商品出售而单独计价的包装物，出售时计入"其他业务成本"科目。

（4）出租或出借给购买单位使用的包装物（可以周转使用），摊销时计入"其他业务成本"科目，出借的包装物成本摊销时计入"销售费用"科目。

（三）低值易耗品的核算

（1）一次转销法：一次转销法，是指低值易耗品或包装物在领用时就将其全部账面价值计入相关资产成本或当期损益的方法。

（2）五五摊销法：五五摊销法，是指低值易耗品在领用时或出租、出借包装物时先摊销其成本的一半，在报废时再摊销其成本的另一半。即低值易耗品或包装物分两次各按50%进行摊销。适用于价值较低、使用期限较短的低值易耗品，也适用于每期领用数量和报废数量大致相等的低值易耗品。

三、委托加工物资核算

（1）发出委托加工材料，并支付运杂费。

（2）支付加工费及相关税金：企业支付的加工费构成委托加工物资成本，按照不含税加工费计入"委托加工物资"科目借方，按照支付的可抵扣增值税计入"应交税费——应交增值税（进项税额）"科目借方；如果支付了受托方代扣代缴的消费税，则分别下列情况处理：若收回委托加工物资后直接对外出售，则将支付的消费税计入委托加工物资成本，计入"委托加工物资"科目借方，若收回委托加工物资后继续加工应税消费品，则计入"应交税费——应交消费税"借方；按照实际支付的款项，贷记"银行存款"等科目。

（3）收回委托加工物资。

四、库存商品核算

（一）库存商品概述

（二）库存商品的核算

1. 工业企业产成品入库

2. 工业企业产成品销售

3. 商业企业库存商品的核算

(1) 毛利率法。毛利率法，是根据本期实际销售额乘以上期（或本期计划）毛利率匡算本期销售毛利，据以计算发出存货成本和期末结存存货成本的一种方法。其计算公式为：

销售净额 = 商品销售收入 - 折扣与折让

销售毛利 = 销售净额 × 销售毛利

销售成本 = 销售净额 - 销售毛利

期末存货成本 = 期初存货成本 + 本期购货成本 - 本期销售成本

(2) 售价金额法。售价金额核算法，是指平时商品的购入、加工收回、销售均按售价记账，售价与进账的差额通过"商品进销差价"科目核算，期末计算进销差价率和本期已销商品应分摊的进销差价，并据以调整本期销售成本的一种方法。计算公式如下：

$$商品进销差价率 = \frac{期初库存商品进销差价 + 本期入库商品进销差价}{期初库存商品售价 + 本期入库商品售价} \times 100\%$$

本期销售商品应分摊的商品进销差价 = 本期商品销售收入 × 商品进销差价率

本期销售商品的成本 = 本期商品销售收入 - 本期销售商品应分摊的商品进销差价

期末结存商品的成本 = 期初库存商品的进价成本 + 本期购进商品的进价成本 - 本期销售商品的成本

同步练习题

一、单项选择题

1. 下列项目不符合存货定义的是（　　）。

A. 包装材料　　B. 修理用备件

C. 工程用物资　　D. 低值易耗品

2. 存货的初始计量应采用（　　）。

A. 计划成本或定额成本　　B. 重置成本

C. 售价或可变现净值　　D. 历史成本

3. 下列项目不构成一般纳税人存货成本的是（　　）。

A. 买价　　B. 采购费用

C. 车间管理人员的薪酬　　D. 不属于为特定客户制造产品的设计费用

4. 按企业会计准则的规定，下列方法中不能作为发出存货计价方法的是（　　）。

A. 先进先出法　　B. 后进先出法

C. 全月一次加权平均法　　D. 个别计价法

5. 材料验收入库后，因意外事故造成的毁损，应借记（　　）账户。

A. 管理费用　　B. 待处理财产损溢

C. 营业外支出　　D. 其他应收款

6. 领用价值较低的或容易损坏的低值易耗品，最适宜采用的摊销方法是（　　）。

A. 一次摊销法　　B. 使用期限法

C. 五五摊销法　　D. 分次摊销法

7. 一次摊销法下，报废出借包装物回收的残料价值应当（　　）。

A. 冲减产品销售费用　　B. 计入营业外收入

C. 计入其他业务收入　　D. 冲减管理费用

8. 盘盈的存货，经批准予以转销时，应贷记（　　）账户。

A. 管理费用　　B. 制造费用

C. 营业外收入　　D. 销售费用

9. 某企业为一般纳税人，购入原材料一批，取得的增值税专用发票上注明：买价20 000元，增值税3 400元。供货方代垫运输费500元，增值税55元，杂费300元。验收入库时发现途中合理损耗材料价值200元。入库后发生挑选整理费800元。则该批原材料的采购成本为（　　）元。

A. 21 000　　B. 20 800

C. 20 600　　D. 20 500

10. 某企业甲材料7月4日结存100千克，单价20元。7月5日入库50千克，单价15元，同日发出甲材料70千克。7月6日入库200千克，单价22元，同日发出150千克。该企业发出存货成本采用移动加权平均法。7月6日结存甲材料成本为（　　）元。

A. 3 142.86　　B. 2 723.81

C. 2 655.71　　D. 2 638.69

11. A公司为增值税一般纳税人，原材料采用计划成本计价，甲料的计划单位成本为每千克12元。2018年4月10日，A公司从C公司购入甲材料10 000千克，取得的增值税专用发票注明：买价100 000元，增值税17 000元。C公司代垫运输等费用，取得的运输行业增值税专用发票注明：运费2 000元，增值税220元，另代垫包装费、途中保险费500元。同月15日，甲材料验收入库，实收9 990千克，途中合理损耗10千克。该批入库甲材料的材料成本差异为（　　）元。

A. 节约17 500　　B. 超支17 500

C. 节约17 380　　D. 超支17 380

12. 某企业2018年12月31日，甲存货的实际成本为100万元，加工该存货至完工产成品估计还将发生成本为20万元，估计销售费用和相关税费为2万元，估计用该存货生产的产成品售价为110万元。假定甲存货月初“存货跌价准备”科目余额为0，2018年12月31日应计提的存货跌价准备为（　　）万元。

A. 12　　B. 10

C. 0　　D. －10

13. 某批发企业（小规模纳税人）从B公司购入甲商品，买价20万元，增值税3.4万元，C公司代垫运杂费0.5万元。甲商品的实际成本为（　　）万元。

A. 23.9　　B. 23.4

C. 20.5　　D. 20

14. A公司委托B公司将甲料加工成乙料（应税消费品），A、B公司均为一般纳税人。A 公司发出甲料的计划成本 10 万元，甲料的材料成本差异率为 2%。委托加工过程中 A 公司承担往返运杂费 1 万元，向 B 公司支付加工费用 3 万元、增值税 0.51 万元、消费税 2 万元。A 公司将乙料收回后用于连续生产应税消费品。则乙料的实际成本为（　　）万元。

A. 16.71　　B. 16.2

C. 14.71　　D. 14.2

15. A 公司 7 月末结存低值易耗品 5 万元，8 月 10 日领用低值易耗品 4 万元（第一次领用），采用五五摊销法摊销。A 公司 8 月份资产负债表中应反映低值易耗品的价值为（　　）万元。

A. 5　　B. 3

C. 1　　D. 0

16. 企业为小规模纳税人，2018 年 10 月 9 日购入材料一批，注明价款为 21 200 元，增值税额为 3 604 元。材料入库前的挑选整理费为 200 元，材料已验收入库。则该材料入账价值应为（　　）元。

A. 25 004　　B. 23 804

C. 21 400　　D. 20 200

17. 某企业为增值税小规模纳税企业。该企业购入甲材料 600 千克，每千克含税单价为 50 元，发生运杂费 2 000 元，运输途中发生合理损耗 10 千克，入库前发生挑选整理费用 200 元。该批甲材料的入账价值为（　　）元。

A. 32 700　　B. 32 200

C. 32 000　　D. 30 000

18. 某企业计划成本核算。2018 年 12 月 1 日，结存材料的计划成本为 400 万元，材料成本差异贷方余额为 6 万元；本月入库材料计划成本 2 000 万，材料成本差异借方发生额为 12 万元；本月发出材料的计划成本为 1 600 万元。该企业 2018 年 12 月 31 日结存材料的实际成本为（　　）万元。

A. 1 604　　B. 802

C. 800　　D. 798

19. 某企业采用计划成本进行材料的日常核算。月初结存材料的计划成本为 80 万元，成本差异为超支 20 万元。当月购入材料一批，实际成本为 110 万元，计划成本为 120 万元。当月领用材料的计划成本为 100 万元，当月领用材料应负担的材料成本差异为、（　　）万元。

A. 超支 15　　B. 节约 15

C. 超支 5　　D. 节约 5

20. 盘亏的存货，经查需要保险公司赔偿，应记入（　　）账户。

A. 管理费用　　B. 制造费用

C. 营业外支出　　D. 其他应收款

二、多项选择题

1. 下列物资中属于存货的有（　　）。

A. 原材料　　B. 工程物资
C. 库存商品　　D. 包装物和低值易耗品

2. 小规模的工业企业，外购存货的采购成本应包括（　　）。
A. 买价　　B. 运杂费
C. 支付的增值税　　D. 入库前的挑选整理费用

3. 对于增值税一般纳税人企业，下列支出不应计入外购材料采购成本的有（　　）。
A. 采购员差旅费　　B. 入库后的挑选整理费
C. 购入材料应负担的消费税　　D. 购入材料应支付的增值税

4. 某企业采用实地盘存制，如果期末将已出售但购货方尚未提走的产成品列作本企业期末存货，则会导致（　　）。
A. 本期利润将被低估　　B. 本期利润将被高估
C. 下期利润将被低估　　D. 下期利润将被高估

5. 企业（一般纳税人）下列支出中构成存货采购成本的有（　　）。
A. 进口关税　　B. 发票中的买价
C. 支付给运输部门的运费　　D. 入库前的挑选整理费

6. 下列各项目，应计入其他业务成本的有（　　）。
A. 出借包装物成本的摊销额
B. 出租包装物成本的摊销额
C. 随同产品出售不单独计价的包装物成本
D. 随同产品出售并单独计价的包装物成本

7. 盘亏存货批转转销时，可能计入的账户有（　　）。
A. 管理费用　　B. 财务费用
C. 其他应收款　　D. 营业外支出

8. 下列事项中，应计入销售费用的有（　　）。
A. 出借包装物成本的摊销额
B. 出租包装物成本的摊销额
C. 随同产品出售不单独计价的包装物成本
D. 随同产品出售并单独计价的包装物成本

9. 下列事项影响存货成本的有（　　）。
A. 采购人员的差旅费
B. 车间设备的折旧费
C. 车间管理人员薪酬
D. 产品设计费用（非特定客户定制产品而发生）

10. 商品流通企业的进货费用，可以采用的处理方法有（　　）。
A. 直接计入当期损益
B. 直接计入商品成本
C. 直接计入主营业务成本
D. 先进行归集，期末采用规定的方法分别计入存货成本和主营业务成本

11. 下列各项，构成工业企业外购存货入账价值的有（　　）。

A. 买价　　　　　　　　　　　　　　B. 运杂费

C. 运输途中的合理损耗　　　　　　　D. 入库前的挑选整理费

12. 下列项目中，一般纳税企业应计入存货成本的有（　　）。

A. 购入存货支付的关税

B. 委托加工材料发生的增值税

C. 企业采购过程中发生的保险费

D. 自制存货生产过程中发生的直接费用

13. 下列项目中，应计入存货成本的有（　　）。

A. 商品流通企业在采购商品过程中发生的运输费

B. 非正常消耗的直接材料、直接人工和制造费用

C. 在生产过程中为达到下一个生产阶段所必需的费用

D. 存货的加工成本

14. “材料成本差异”科目贷方核算的内容有（　　）。

A. 入库材料成本超支差异

B. 入库材料成本节约差异

C. 结转发出材料应负担的超支差异

D. 结转发出材料应负担的节约差异

15. 下列各项中，增值税一般纳税企业应计入收回委托加工物资成本的有（　　）。

A. 支付的加工费

B. 随同加工费支付的增值税

C. 支付的收回后直接销售的委托加工物资的消费税

D. 支付的收回后用于继续加工应税消费品的委托加工物资的消费税

16. 企业发生的下列与增值税相关的业务中，应计入相关资产或负债成本中的有（　　）。

A. 自产产品用于非应税项目

B. 自产产品用于职工个人消费

C. 一般纳税企业未取得增值税专用发票

D. 小规模纳税企业委托加工物资所支付的增值税

17. 企业购进货物发生的下列相关税金中，应计入相关资产成本的有（　　）。

A. 进口商品支付的关税

B. 收购未税矿产品代缴的资源税

C. 签订购买合同缴纳的印花税

D. 一般纳税企业购进用于建造办公楼的工程物资所支付的增值税

18. 小规模纳税企业委托其他单位加工材料收回后用于直接对外出售的，其发生的下列支出中，应计入委托加工物资成本的有（　　）。

A. 加工费　　　　　　　　　　　　　B. 增值税

C. 发出材料的实际成本　　　　　　　D. 受托方代收代交的消费税

19. 下列项目中，应计入商品流通企业存货入账价值的有（　　）。

A. 进口商品时支付的关税

B. 购入存货支付的运杂费

C. 购入存货时支付的包装费

D. 小规模纳税人购入存货时支付的增值税额

20. 下列各项中，关于企业存货的表述正确的有（　　）。

A. 存货应按照成本进行初始计量

B. 存货成本包括采购成本、加工成本和其他成本

C. 存货期末计价应按照成本与可变现净值孰低计量

D. 存货采用计划成本核算的，期末应将计划成本调整为实际成本

三、判断题

1. 存货发出的计价方法不同，直接影响着资产负债表中资产总额，而与利润表中净利润的大小无关。（　　）

2. 企业采购材料，在折扣期内取得的现金折扣，应冲减材料的采购成本。（　　）

3. 采购材料在运输途中发生的一切损耗，均应计入购进材料的采购成本。（　　）

4. 委托加工应税消费品由受托方代收代缴的消费税应计入委托加工物资成本。（　　）

5. 企业的各种包装材料和包装容器都应在“周转材料——包装物”账户中进行核算。（　　）

6. 原材料采用计划成本核算，原材料账户的借贷余反映了计划成本的增减变动以及结存。（　　）

7. 一般纳税人，委托加工材料过程中支付的增值税，应计入委托加工材料的成本。（　　）

8. 产品设计费一般应当计入“管理费用”，但为特定客户设计产品所发生的，可直接确定的设计费用应计入存货成本。（　　）

9. 商品流通企业在采购过程中发生的运杂费等采购费用只能计入商品的采购成本。（　　）

10. 材料采购明细账与材料成本差异明细账的设置口径应当一致，一般可按“原材料”“低值易耗品”“周转材料”等设置。（　　）

11. 采用预付货款方式购进材料预付货款时，应借记“材料采购”，贷记“银行存款”账户。（　　）

12. 出租、出借包装物，其价值摊销均应列做销售费用。（　　）

13. 存货清查，主要是总账和明细账核对，做到账账相符。（　　）

14. 存货的可变现净值即是存货的市场价格扣除加工成本和相关税费后的余额。（　　）

15. 商品流通企业在采购商品过程中发生的运输费、装卸费、保险费以及其他可归属于存货采购成本的费用等进货费用，应当计入存货采购成本，也可以先进行归集，期末根据所购商品的存销情况进行分摊。对于已售商品的进货费用，计入当期损益；对于未售商品的进货费用，计入期末存货成本。企业采购商品的进货费用金额较小的，可以

在发生时直接计入当期损益。 ( )

16. 企业应当采用先进先出法、加权平均法（包括移动加权平均法）或者个别计价法确定发出存货的实际成本。 ( )

17. 入库材料时，“材料成本差异”科目借方登记超支额，贷方登记节约额；发出材料，结转材料成本差异时，一律从借方转出，转出超支额用蓝字，转出节约额用红字。 ( )

18. 出租库存未用包装物时，应将其全部成本计入销售费用。 ( )

19. 产成品、商品和用于出售的材料等直接用于出售的商品存货，其可变现净值为在估计售价减去估计的销售费用和相关税费后的金额。 ( )

20. 企业一般情况下应按单项（品种）计提存货跌价准备金。 ( )

四、综合训练题

（一）练习存货按实际成本计价法下发出存货成本的确定方法。

某公司 2018 年 12 份期初存货 10 000 件，成本为 40 000 元，本期在 14 日、25 日分别发出存货 40 000 件和 20 000 件。本期入库存货情况见表 3－1：

表 3－1

日期	单价	数量
12 月 6 日	4.10 元	20 000 件
12 月 13 日	4.15 元	30 000 件
12 月 15 日	4.21 元	20 000 件
12 月 20 日	4.25 元	8 000 件

要求：分别采用加权平均法、先进先出法和移动平均法计算 2018 年 12 月 31 日的存货成本。

（二）存货的期末计量

A 公司从 2016 年开始采用单项比较法对其拥有的存货每半年计提一次存货跌价准备金。2016—2017 年，甲存货有关资料见表 3－2：

表 3－2 （单位：万元）

时间	实际成本（存货账面余额）	可变现净值
2016.06.30	200	180
2016.12.31	320	315
2017.06.30	260	242
2017.12.31	370	382

要求：处理 2016—2017 年甲存货计提存货跌价准备的经济业务。

（三）某企业属一般纳税人，本月发生下列经济业务：

1. 企业将 5 号材料 1 200 千克送至外厂加工成 7 号配件（应税消费品），5 号材料成本为每千克 10 元。

2. 用银行存款支付材料运杂费40元。

3. 用银行存款支付加工费4 000元，增值税680元，消费税6 000元，7号配件收回后用于连续生产应税消费品。

4. 材料加工完毕，共加工成7号配件400个，验收入库，结转加工成本。

要求：根据上述经济业务编制会计分录。

五、不定项选择题

（一）甲企业为增值税一般纳税人，适用的增值税税率为17%。存货采用实际成本核算，原材料发出采用月末一次加权平均法计价。“原材料——A材料”科目余额20 000元（共2 000千克，其中含3月末已验收入库但因发票账单未到而以2 000元暂估入账的A材料200千克）。

2018年4月，与存货相关的资料如下：

（1）1日，冲销上月暂估入账的原材料。

（2）5日，行政部门领用清洁用具一批，实际成本125元，采用一次摊销法摊销。

（3）8日，企业将A材料1 000千克送至外厂加工成配件，A材料单位成本每千克10元。

（4）18日，持银行汇票80 000元购入A材料5 000千克，从销售公司取得的增值税专用发票上注明的货款为49 500元，增值税额为8 415元，从运输部门取得的增值税专用发票上注明运费2 000元，增值税220元。材料已验收入库，剩余票款退回并存入银行。

（5）30日，根据“发料凭证汇总表”的记录，4月份基本生产车间为生产产品领用A材料6 000千克，车间管理部门领用A材料1 000千克，企业管理部门领用A材料1 000千克。

（6）31日，对存货进行清查，发现B原材料盘盈50千克，重置成本每千克20元。

要求：根据上述材料，不考虑其他因素，分析回答下列第1~6小题。

1. 对于业务（1），下列处理正确的是（　　）。

A. 借记应付账款2 000，贷记原材料2 000

B. 借记原材料2 000，贷记应付账款2 000

C. 借记应付账款2 000，贷记原材料2 000，金额红字

D. 借记原材料2 000，贷记应付账款2 000，金额红字

2. 对于业务（2），下列项目中，编制的会计分录中应选择的有（　　）。

A. 借：管理费用　　125　　B. 借：制造费用　　125

C. 贷：周转材料——包装物　　125　　D. 贷：周转材料——低值易耗品　　125

3. 对于业务（3），下列各项中，应计入收回委托加工物资成本的有（　　）。

A. 支付的加工费

B. 随同加工费支付的增值税

C. 支付的收回后直接销售的委托加工物资的消费税

D. 支付的收回后用于继续加工应税消费品的委托加工物资的消费税

4. 对于业务（4），应编制的会计分录正确的是（　　）。

A. 借：原材料 51 500

应交税费——应交增值税（进项税额） 8 635

贷：银行存款 60 135

B. 借：原材料 51 720

应交税费——应交增值税（进项税额） 8 415

贷：应付票据——银行汇票 60 135

C. 借：银行存款 19 865

贷：其他货币资金——银行汇票存款 19 865

D. 借：原材料 51 500

应交税费——应交增值税（进项税额） 8 635

贷：其他货币资金——银行汇票存款 60 135

5. 对于业务（5），下列处理正确的是（　　）。

A. 管理费用增加 10 260 元　　B. 制造费用增加 10 930 元

C. 生产成本增加 61 560 元　　D. A 材料库存减少 82 080 元

6. 对于业务（6），盘盈的原材料价值最终记入（　　）科目。

A. 管理费用　　B. 营业外收入

C. 其他应付款　　D. 主营业务收入

（二）某企业属一般纳税人，增值税税率 17%，原材料采用计划成本计价。

2018 年 3 月期初余额资料如下：

（1）原材料——甲材料 26 600 元（7 吨，每吨计划成本 3 800 元）

——乙材料 20 000 元（10 吨，每吨计划成本 2 000 元）

——丙材料 16 000 元（5 吨，每吨计划成本 3 200 元）

（2）材料成本差异——原材料 2 907 元（借方）

本月发生下列经济业务：

（1）2 日，从红光厂购进甲材料 10 吨，共计买价 40 000，增值税 6 800 元，款项以支票支付，材料已验收入库。

（2）5 日，收到银行转来的托收承付通知以及相关单据，从光华厂购买的 15 吨乙材料价税共计 35 100 元，对方代垫运费 300 元，运输部门增值税 33 元，装卸费 100 元。企业当日承付全部款项，材料未到。

（3）8 日，从光华厂购买的 15 吨乙材料验收入库。

（4）10 日，企业开出支票 10 000 元，向红旗厂预付丙材料购料款项。

（5）12 日，从红旗厂购买的丙材料 3 吨已到验收入库，共计买价 9 000 元，增值税 1 530 元。红旗厂代垫运费 200 元，运输部门增值税 22 元。当天通过转账补付欠款。

（6）31 日，从华西厂购买的丁材料 200 千克运到验收入库，但发票账单未到，计划成本每千克 250 元。

（7）本月生产 A 产品耗用甲材料 7 吨，乙材料 10 吨，丙材料 1 吨；基本生产车间一般耗用甲材料 0.5 吨，丁材料 20 千克；在建工程耗用乙材料 3 吨。

要求：根据上述材料，不考虑其他因素，分析回答下列第 1 ~ 6 小题。

1. 采用计划成本核算存货，“材料成本差异”科目贷方核算的内容有（　　）。

A. 入库材料成本超支差异　　B. 入库材料成本节约差异

C. 结转发出材料应负担的超支差异　　D. 结转发出材料应负担的节约差异

2. 根据业务（1）（3）（5）（6），原材料总账中计入的金额是（　　）元。

A. 129 600　　B. 127 600

C. 79 600　　D. 77 600

3. 根据业务（1）（2）（3）（5），入库材料结转“材料成本差异——原材料”账户的金额是（　　）元。

A. 借方 2 400　　B. 借方 2 000

C. 借方 1 600　　D. 借方 400

4. 根据业务（4），编制的会计分录正确的有（　　）。

A. 借记预付账款 10 000，贷记银行存款 10 000

B. 借记应付账款 10 000，贷记银行存款 10 000

C. 借记材料采购 10 000，贷记银行存款 10 000

D. 借记预收账款 10 000，贷记银行存款 10 000

5. 根据业务（5），补付的欠款金额是（　　）。

A. 10 752　　B. 10 530

C. 752　　D. 530

6. 根据（7）资料，下列各项中，表述正确的是（　　）。

A. 在建工程账户增加 6 210 元

B. 生产成本账户增加 51 543 元

C. 制造费用账户增加 6 900 元

D. 领用材料的材料成本差异额为超支 2 194.5 元

4 学习情境四 固定资产核算

内容概要

- 固定资产核算
  - 固定资产概述
    - 固定资产的概念
    - 固定资产的分类
    - 固定资产的确认
  - 固定资产的取得核算
    - 科目设置
      - 固定资产
      - 在建工程
    - 核算业务内容
      - 外购固定资产
      - 自行建造固定资产
  - 固定资产的后续核算
    - 科目设置
      - 累计折旧
      - 待处理财产损溢
      - 固定资产减值准备
      - 固定资产清理
    - 核算业务内容
      - 固定资产的后续支出
      - 固定资产折旧
      - 固定资产的清查
      - 固定资产减值
      - 固定资产的处置

学习内容

一、固定资产概述

二、固定资产的取得核算

（一）外购固定资产

购入需要安装的固定资产。应在购入不需要安装的固定资产取得成本的基础上加上安装调试成本等，作为购入固定资产的成本，先通过“在建工程”科目归集其成本，待达到预定可使用状态时，再由“在建工程”科目转入“固定资产”科目。

（二）建造固定资产

1. 自营工程

购入工程物资时，借记“工程物资”，“应交税费——应交增值税（进项税额）”科目，贷记“银行存款”等科目。

领用工程物资时，借记“在建工程”科目，贷记“工程物资”科目。

2. 出包工程

如果企业建造固定资产采用了出包方式，企业支付给建造商的工程价款通过“在建工程”科目核算，工程达到预定可使用状态时，按实际发生的全部支出，由“在建工程”科目转入“固定资产”科目。

三、固定资产后续核算

（一）固定资产的后续支出

（1）固定资产修理费用，应当直接计入当期费用。

（2）固定资产改良支出，应当计入固定资产账面价值。

（二）固定资产折旧

折旧方法可以采用年限平均法、工作量法、双倍余额递减法、年数总和法等。企业应当根据与固定资产有关的经济利益的预期实现方式，合理选择固定资产折旧方法，折旧方法的选择应当遵循可比性原则，如需变更，在会计报表附注中予以说明。

1. 年限平均法

年折旧额 =（固定资产原价 - 预计净残值）/预计使用寿命（年）

月折旧额 = 年折旧额/12

2. 工作量法

单位工作量折旧额 =（原值 - 净残值）/总工作量

月折旧额 = 当月工作量 × 单位工作量折旧额

3. 双倍余额递减法

年折旧率 = 2/预计使用年限 × 100%（直线折旧率的两倍）

折旧额 = 固定资产账面净值 × 折旧率

注意：在固定资产折旧年限到期的前两年内，将固定资产的账面净值扣除预计净残值后的净值平均摊销。

4. 年数总和法

折旧率 = 尚可使用年限/预计使用年限的年数总和 × 100%

折旧额 =（固定资产原值 - 预计残值）× 折旧率

（三）固定资产清查

企业在财产清查中盘盈的固定资产，作为前期差错处理。企业在财产清查中盘盈的固定资产，在按管理权限报经批准处理前应先通过“以前年度损益调整”科目核算，不再通过“待处理财产损溢”科目核算。盘盈的固定资产，应按重置成本确定其入账价值，借记“固定资产”科目，贷记“以前年度损益调整”科目。

盘亏的固定资产通过“待处理财产损溢”科目核算。盘亏或毁损的固定资产，在扣除过失人或者保险公司等赔款和残料价值之后，计入当期“营业外支出”。

（四）固定资产的减值

固定资产在资产负债表日的可收回金额低于其账面价值的，企业应将该固定资产的账面价值减记至可收回金额，同时确认为资产减值损失，计提固定资产减值准备。

（五）固定资产的处置

固定资产处置包括固定资产的出售、报废、毁损、对外投资、非货币性资产交换、债务重组等。企业出售、报废或者毁损的固定资产通过“固定资产清理”科目核算。

同步练习题

一、单项选择题

1. 下列固定资产中，应计提折旧的是（　　）。

A. 闲置的固定资产　　B. 过去单独估价入账的土地

C. 已提足折旧继续使用的房屋　　D. 经营租赁租入的固定资产

2. 某设备账面原价为80 000元，预计使用年限为5年，预计净残值为5 000元，按年数总和法计提折旧，则该设备第3年应计提的折旧额为（　　）。

A. 15 000　　B. 10 000

C. 3 000　　D. 5 000

3. 购入需要安装的生产设备类固定资产的增值税进项税额计入（　　）。

A. 固定资产　　B. 应交税费

C. 在建工程　　D. 营业外支出

4. 企业一次购进多项没有单独标价的固定资产，各项固定资产的原价应按（　　）确定。

A. 各项固定资产的重置价值

B. 各项同类固定资产的净值

C. 各项同类固定资产的历史成本

D. 各项固定资产的公允价值的比例对固定资产总成本进行分配后

5. 在建工程达到预定可使用状态前，试生产产品对外出售取得的收入应（　　）。

A. 冲减工程成本　　B. 计入营业外收入

C. 冲减营业外收入　　D. 计入其他业务收入

6. 固定资产报废清理后发生的净损失应计入（　　）。

A. 管理费用　　B. 在建工程

C. 营业外支出　　D. 其他业务成本

7. 某企业为增值税一般纳税人，某月购入一台设备类固定资产，买价为50 000元，增值税8 500元；支付运费1 500元及增值税165元；安装时领用工程用材料1 000元，该工程材料进项税额170元；支付安装人员工资2 000元。该固定资产成本为（　　）元。

A. 54 835　　B. 54 670

C. 54 665　　D. 54 500

8. 某固定资产原值为21 000元，预计使用5年，预计净残值1 000元，采用双倍余额递减法计提折旧，则第二年末该固定资产账面价值为（　　）。

A. 13 000　　B. 8 560

C. 8 000　　D. 7 560

9. 自有固定资产改良过程中发生的变价收入应计入（　　）。

A. 在建工程　　B. 营业外收入

C. 固定资产清理　　D. 其他业务收入

10. 关于固定资产的使用寿命、预计净残值和折旧方法，下列说法正确的是（　　）。

A. 与固定资产有关的经济利益预期实现方式有重大改变的，应当调整预计净残值

B. 与固定资产有关的经济利益预期实现方式有重大改变的，应当调整固定资产使用寿命

C. 与固定资产有关的经济利益预期实现方式有重大改变的，应当改变固定资产折旧方法

D. 使用寿命预计数与原先估计数有差异的，应当调整固定资产使用寿命和折旧方法

11. 2018年1月1日，某公司决定对现有生产线进行改扩建，以提高其生产能力。原值240万元，已计提折旧75万元。经过3个月的改扩建，完成了对这条生产线的改扩建工程，共发生支出120万元，符合固定资产确认条件。被更换部件的原价为20万元，被更换部件的折旧为5万元。则对该项生产线进行更换后的原价为（　　）万元。

A. 360　　B. 345

C. 300　　D. 270

12. 某项固定资产原值为15 500元，预计使用年限为5年，预计净残值为500元，按双倍余额递减法计提折旧，则第二年末该固定资产的账面价值为（　　）元。

A. 6 500　　B. 6 320

C. 5 900　　D. 5 580

13. 某公司购进设备一台，该设备的入账价值为100万元，预计净残值为5.6万元，预计使用年限为5年。在采用双倍余额递减法计提折旧的情况下，该项设备第三年应提折旧额为（　　）万元。

A. 24　　B. 20

C. 14.4　　D. 8

14. 大方公司接受海外某公司捐赠的设备一台，同类设备的市价为200万元，估计新旧程度60%，预计尚可使用4年，预计净残值为零。大方公司为取得该设备已支付关税5万元，国内运杂费1万元，设备已安装完毕，支付安装调试费4万元，净残值为

零。采用年限平均法计提折旧，3 年后将这台设备进行处置，取得价款 40 万元，假设不考虑其他相关税费，企业处置该项资产所获得的相关损益金额为（　　）。

A. 32. 5　　B. 40

C. 7. 5　　D. −7. 5

15. 某企业出售一幢办公楼，该办公楼账面原价 370 万元，累计折旧 115 万元，未计提减值准备。开出的增值税专用发票中注明销售价款 360 万元，增值税 39. 6 万元。发生清理费用 10 万元。所有款项均已结算完毕，假定不考虑其他相关税费。企业出售该幢办公楼确认的净收益为（　　）万元。

A. 105　　B. 95

C. 77　　D. 10

16. 企业 2017 年 3 月购入并投入使用不需要安装的设备一台，原值 840 万元，预计使用年限 5 年，预计净残值 2 万元，采用年数总和法计提折旧，则企业在 2018 年应计提的折旧额为（　　）万元。

A. 238　　B. 237. 43

C. 224　　D. 167. 6

17. 甲企业对一项原值为 100 万元、已提折旧 50 万元的固定资产进行改建，发生改建支出 65 万元，取得变价收入 15 万元。则改建后该项固定资产的入账价值为（　　）万元。

A. 150　　B. 145

C. 110　　D. 100

18. 某企业购入需要安装的设备一台，价款 20 000 元，增值税 3 400 元；安装中领用生产用材料实际成本为 2 000 元；领用自产库存商品实际成本 1 800 元，售价为 2 500 元；安装完毕达到预定可使用状态。本企业为一般纳税人，适用增值税率 17%，不考虑其他因素，该固定资产的入账价值为（　　）元。

A. 28 325　　B. 28 240

C. 27 965　　D. 23 800

19. 企业出售固定资产应交的增值税，应借记的会计科目是（　　）。

A. 税金及附加　　B. 其他业务成本

C. 营业外支出　　D. 固定资产清理

20. 下列固定资产中，不应计提折旧的是（　　）。

A. 大修理的设备　　B. 融资租入设备

C. 经营租出设备　　D. 单独计价入账的土地

二、多项选择题（每题均有多个正确答案，请从每题的备选答案中选出你认为正确的答案）

1. 下列各项中，会引起固定资产账面价值发生变化的有（　　）。

A. 计提固定资产折旧　　B. 计提固定资产减值准备

C. 固定资产改扩建　　D. 固定资产大修理

2. 下列固定资产中，应计提折旧的固定资产有（　　）。

A. 大修理停用的固定资产

B. 季节性停用的固定资产

C. 正在改扩建而停止使用的固定资产

D. 经营租赁方式租入的固定资产发生的改良支出

3. 采用自营方式建造固定资产的情况下，下列项目中应计入固定资产成本的有（ ）。

A. 工程耗用原材料

B. 工程人员工资

C. 工程领用本企业的商品实际成本

D. 企业行政管理部门为组织管理生产经营活动发生的管理费用

4. 购入的非生产设备类固定资产，其入账价值包括（ ）。

A. 买价　　B. 运杂费

C. 增值税　　D. 进口关税

5. “固定资产清理”账户贷方登记的项目有（ ）。

A. 变价收入　　B. 结转的清理净损失

C. 结转的清理净收益　　D. 转入清理的固定资产净值

6. 企业对固定资产计提折旧时，其折旧额应根据不同情况分别计入（ ）。

A. 管理费用　　B. 制造费用

C. 财务费用　　D. 其他业务成本

7. 下列各项中，应在固定资产购建时计入“在建工程”科目的有（ ）。

A. 不需安装的固定资产　　B. 需要安装的固定资产

C. 固定资产的改扩建　　D. 固定资产的修理费

8. 下列各项，企业应对固定资产计提折旧的有（ ）。

A. 经营租入的固定资产　　B. 大修理期间的固定资产

C. 融资租出的固定资产　　D. 融资租入的固定资产

9. 下列各项中，属于影响固定资产折旧的因素有（ ）。

A. 预计净残值　　B. 固定资产原价

C. 固定资产的类别　　D. 固定资产的使用寿命

10. 下列事项中，应通过“固定资产清理”账户核算的有（ ）。

A. 出售固定资产　　B. 盘盈固定资产

C. 盘亏固定资产　　D. 报废固定资产

11. 下列各项中，可能对固定资产处置损益产生影响的因素有（ ）。

A. 原价　　B. 累计折旧

C. 固定资产减值准备　　D. 清理费用

12. 下列各项中，属于加速折旧的方法有（ ）。

A. 工作量法　　B. 年数总和法

C. 平均年限法　　D. 双倍余额递减法

13. 下列关于计提固定资产折旧的说法中正确的有（ ）。

A. 公司当月减少的固定资产当月照提折旧

B. 公司当月增加的固定资产当月开始计提折旧

C. 提前报废但未提足折旧的固定资产不再补提折旧

D. 固定资产提足折旧后仍继续使用的仍需计提折旧

14. 某项设备原值为50 000元，净残值率为5%，预计可使用10年。该设备采用双倍余额递减法和年数总和法计算的第二个折旧年度的年折旧额分别为（　　）元。

A. 8 000　　B. 7 773

C. 7 695　　D. 1 727

15. 在固定资产使用前几年，提取固定资产折旧时，需要考虑固定资产净残值的折旧方法有（　　）。

A. 工作量法　　B. 年数总和法

C. 平均年限法　　D. 双倍余额递减法

16. 企业结转固定资产清理净损益时，可能涉及的会计科目有（　　）。

A. 管理费用　　B. 营业外收入

C. 营业外支出　　D. 长期待摊费用

17. 下列事项中，不通过“固定资产清理”账户核算的有（　　）。

A. 出售固定资产　　B. 盘盈固定资产

C. 盘亏固定资产　　D. 报废固定资产

18. 企业计提折旧时，不可能计入的科目有（　　）。

A. 管理费用　　B. 营业外支出

C. 财务费用　　D. 其他业务成本

19. 下列各项中，关于企业固定资产折旧方法的表述正确的有（　　）。

A. 年限平均法需要考虑固定资产的预计净残值

B. 年数总和法计算的固定资产折旧额逐年递减

C. 双倍余额递减法不需要考虑固定资产的预计净残值

D. 年数总和法不需要考虑固定资产的预计净残值

20. 企业计提固定资产折旧时，下列会计分录正确的有（　　）。

A. 计提行政管理部门固定资产折旧：借记“管理费用”科目，贷记“累计折旧”科目

B. 计提生产车间固定资产折旧：借记“制造费用”科目，贷记“累计折旧”科目

C. 计提专设销售机构固定资产折旧：借记“销售费用”科目，贷记“累计折旧”科目

D. 计提自建工程使用的固定资产折旧：借记“在建工程”科目，贷记“累计折旧”科目

三、判断题

1. 固定资产改良支出和大修理支出均应计入固定资产账面价值。（　　）
2. 当月增加的固定资产当月不提折旧，当月减少的固定资产当月照提折旧。（　　）
3. 融资租入固定资产和经营租出固定资产均应计提折旧。（　　）
4. 企业未使用的机器设备和房屋建筑物均不计提折旧。（　　）
5. 企业将发生的固定资产后续支出计入固定资产成本的，应当终止确认被替换部

分的账面价值。 ( )

6. 工作量法计提折旧的特点是每期提取的折旧额相等。 ( )

7. 租期满不购入的融资租入固定资产应当按租赁期与尚可使用年限两者中较短的一个期限计提折旧。 ( )

8. 按双倍余额递减法计提的折旧额在任何一个折旧期内都大于按平均年限法计提的折旧额。 ( )

9. 在建工程达到预定可使用状态前试运转所发生的净支出，应计入营业外支出。 ( )

10. 企业应当根据税法的规定，合理选择固定资产折旧方法。 ( )

11. 企业生产车间的固定资产修理费用应当计入制造费用。 ( )

12. 固定资产盘盈先通过“待处理财产损溢”，批准后再转入“营业外收入”中。 ( )

13. 已达到预定可使用状态但尚未办理竣工决算的固定资产不应计提折旧。( )

14. 按照企业会计制度的规定，已提足折旧的固定资产，不再提折旧；未提足折旧提前报废的固定资产必须补提折旧，直至提足折旧为止。 ( )

15. 平均年限法的折旧额一定比年数总和法少。 ( )

16. 双倍余额递减法计算中，一直不需要考虑净残值的。 ( )

17. 经营租入固定资产属于企业自有资产，应计提折旧。 ( )

18. 融资租出固定资产属于出租资产，仍是企业自由资产，应计提折旧。 ( )

19. 固定资产后续支出都属于资本化范畴。 ( )

20. 固定资产减值准备一经计提，今后期间可以转回。 ( )

四、综合训练题

（一）甲企业于2016年初自行建造仓库一座，购入为工程准备的各种物资买价100 000元，支付的增值税额为17 000元，实际领用工程物资（不含增值税）90 000元，剩余物资转作企业生产用原材料；另外还领用了企业生产用的原材料一批，实际成本为10 000元；分配工程人员工资40 000元，企业辅助生产车间为工程提供有关劳务支出3 000元，工程于2017年4月达到预定可使用状态并交付使用。企业对该项固定资产采用年数总和法计提折旧，预计使用年限为5年，预计净残值率为10%。假定该仓库涉及的增值税都可以抵扣。

要求：

1. 计算工程完工交付使用时固定资产的入账价值。

2. 编制2016年与工程物资和固定资产购建有关的会计分录。

3. 计算2017年该项固定资产的折旧额。

（二）巨人股份有限公司（以下简称巨人公司），为华东地区的一家上市公司，属于增值税一般纳税企业，适用的增值税税率为17%。巨人公司2015年至2017年与固定资产有关的业务资料如下：

1. 2015年12月6日，巨人公司购入一条需要安装的生产线，取得的增值税专用发票上注明的生产线价款为2 000万元，增值税额为340万元；发生保险费为5万元，款项均以银行存款支付；没有发生其他相关税费。生产线已投入安装，假定该设备的增值税可以抵扣。

2. 2015 年 12 月 11 日，巨人公司安装领用生产用原材料实际成本和计税价格均为 20 万元，发生安装工人工资 10 万元，没有发生其他相关税费。该原材料未计提存货跌价准备。

3. 2015 年 12 月 31 日，该生产线达到预定可使用状态，当日投入使用。该生产线预计使用年限为 12 年，预计净残值为 55 万元，采用直线法计提折旧。

4. 2016 年 12 月 31 日，巨人公司在对该生产线进行检查时发现其已经发生减值。该生产线可收回金额为 1 615.12 万元。

5. 2017 年 1 月 1 日，该生产线的预计尚可使用年限为 10 年，预计净残值为 25.12 万元，采用直线法计提折旧。

6. 2017 年 6 月 30 日，巨人公司将生产线出售，取得不含税价款为 1 600 万元，增值税税额为 272 万元，支付清理费用 20 万元，假定不考虑其他相关税费。

要求：

1. 编制 2015 年 12 月 6 日购入该生产线的会计分录。
2. 编制 2015 年 12 月安装该生产线的会计分录。
3. 编制 2015 年 12 月 31 日该生产线达到预定可使用状态的会计分录。
4. 计算 2016 年度该生产线计提的折旧额。
5. 计算 2016 年 12 月 31 日该生产线应计提的固定资产减值准备金额，并编制相应的会计分录。
6. 计算 2017 年度该生产线出售前计提的折旧额。
7. 编制 2017 年 6 月 30 日该生产线出售时的会计分录。（答案中的金额单位用万元表示）

五、不定项选择题

（一）甲公司为从事机械设备加工生产与销售的增值税一般纳税人，适用的增值税税率为 17%，所得税税率为 25%。2016 年度至 2017 年度发生的有关固定资产业务如下：

（1）2016 年 12 月 20 日，甲公司向乙公司一次性购进三台不同型号且具有不同生产能力的 A 设备、B 设备和 C 设备，共支付价款 4 000 万元，增值税税额为 680 万元，包装费及运输费 30 万元，另支付 A 设备的安装费 18 万元，B、C 设备不需安装。款项已由银行存款支付。

（2）2016 年 12 月 28 日三台设备均达到预定可使用状态，三台设备的公允价值分别为 2 000 万元、1 800 万元和 1 200 万元。该公司按每台设备公允价值的比例对支付的价款进行分配，并分别确定其入账价值。

（3）三台设备预计的使用年限均为 5 年，预计净残值率为 2%，采用双倍余额递减法计提折旧。

（4）2017 年 3 月份，支付 A 设备、B 设备和 C 设备日常维修费分别为 1.2 万元，0.5 万元和 0.3 万元。

(5) 2017年12月31日，对固定资产进行减值测试，发现B设备实际运行效率和生产能力验证以完全达到预计的状况，存在减值迹象，其预计可收回金额低于账面价值的差额为120万元。其他各项固定资产未发生减值迹象。

要求：根据上述资料，不考虑其他因素，分析回答下列第1~6小题。

1. 根据资料(1)(2)，下列各项中，关于固定资产取得会计处理表述正确的是( )。

A. 固定资产应按公允价值进行初始计量

B. 支付的相关增值税额不应计入固定资产的取得成本

C. 固定资产取得成本与其公允价值差额应计入当期损益

D. 购买价款、包装费、运输费、安装费等费用应计入固定资产的取得成本

2. 根据资料(1)(2)，下列各项中，计算结果正确的是( )。

A. A设备的入账价值为1 612万元

B. B设备的入账价值为1 450.8万元

C. C设备的入账价值为967.2万元

D. A设备分配购进固定资产总价款的比例为40%

3. 根据资料(1)(2)，固定资产购置业务引起下列科目增减变动正确的是( )。

A. “银行存款”减少4 048万元

B. “管理费用”增加2万元

C. “制造费用”增加2万元

D. “应交税费——应交增值税(进项税额)”增加680万元

4. 根据资料(3)，下列各项中，关于甲公司固定资产折旧表述正确的是( )。

A. 前3年计提折旧所使用的折旧率为40%

B. A设备2017年度应计提折旧额为652万元

C. B设备2017年度应计提折旧额为580.32万元

D. 计提前3年折旧额时不需要考虑残值的影响

5. 根据资料(4)，甲公司支付设备日常维修费引起下列科目变动正确的是( )。

A. “固定资产”增加2万元 B. “管理费用”增加2万元

C. “在建工程”增加2万元 D. “营业外支出”增加2万元

6. 根据资料(5)，甲公司计提资产减值准备对其利润表项目的影响是( )。

A. 资产减值损失增加120万元 B. 营业利润减少120万元

C. 利润总额减少120万元 D. 净利润减少120万元

(二) 甲企业为增值税一般纳税人，增值税率为17%。2017年发生固定资产业务如下：

(1) 甲企业于2008年3月建造完工并交付使用的生产厂房总造价400万元，其中包含一部成本为60万元的电梯，该电梯与厂房作为一项固定资产管理。厂房预计使用寿命为30年，预计净残值率5%，采用直线法计提折旧。2017年3月10日，公司更换一部高效率电梯，新电梯购买价款60万元，增值税10.2万元，另以银行存款支付安装

费2万元。旧电梯作价27万元处置，款项尚未收取。

(2) 3月20日，企业生产车间购入一台需要安装的A设备，取得增值税专用发票上注明的设备价款为60万元，增值税10.2万元，另发生保险费8万元，款项均以银行存款支付。

(3) 3月28日，A设备安装完毕，共支付安装费用3万元。设备达到预定可使用状态，并投入使用。该设备采用工作量法计提折旧，预计净残值5万元，预计总工时50 000小时。4月，A设备实际使用工时为720小时。

(4) 3月31日，生产厂房改建完毕，达到预定可使用状态。新厂房预计净残值为18.3万元，预计未来的使用寿命还有30年。

(5) 8月末，甲企业经管理层讨论决议，新购入的A设备因性能无法满足甲企业需要，故以30万元售价转让给乙企业，不考虑其他相关税费。至出售时，A设备共完成工时5 000小时。

要求：根据上述资料，不考虑其他因素，分析回答下列第1~6小题。(答案中的金额单位用万元表示，计算结果保留两位小数)

1. 根据资料(2)(3)，固定资产A设备的取得成本是(　　)万元。

A. 81.2　　B. 71

C. 68　　D. 60

2. 关于固定资产后续支出，下列说法正确的是(　　)。

A. 固定资产进行改扩建时要先将其账面价值转到固定资产清理科目

B. 如果固定资产装修费用符合资本化条件的，应当计入固定资产成本

C. 后续支出计入固定资产成本的，应当终止确认被替换部分的账面价值

D. 固定资产的大修理支出应资本化，计入固定资产成本；而日常修理费应费用化，在发生时直接计入当期损益

3. 根据资料(1)(4)，2017年3月生产厂房进行改建更换电梯，下列会计分录正确的是(　　)。

A. 借：在建工程　　286
　　　累计折旧　　114
　　贷：固定资产　　400

B. 借：在建工程　　62
　　贷：工程物资　　60
　　　　银行存款　　2

C. 借：其他应收款　　27
　　　营业外支出　　15.9
　　贷：在建工程　　42.9

D. 借：固定资产　　305.1
　　贷：在建工程　　305.1

4. 2017年4月，A设备及厂房计提折旧的金额应为(　　)万元。

A. 1.78　　B. 1.75

C. 1.69　　D. 1.67

5. 下列各项中，可能对固定资产处置损益产生影响的因素有（　　）。

A. 原价　　　　B. 累计折旧

C. 清理费用　　　　D. 固定资产减值准备

6. 根据资料（5），8 月末出售 A 设备，下列科目变动正确的是（　　）。

A. 累计折旧减少 6.6 万元　　　　B. 银行存款增加 30 万元

C. 固定资产减少 64.4 万元　　　　D. 营业外支出增加 34.4 万元

5 学习情境五 无形资产及其他资产核算

内容概要

- 无形资产及其他资产核算
  - 无形资产
    - 无形资产的定义，无形资产的内容
    - 无形资产取得时的入账价值
    - 无形资产持有期间的摊销
    - 无形资产期末的减值
    - 无形资产的处置
  - 其他资产
    - 其他资产的概念
    - 其他资产的内容
    - 长期待摊费用

学习内容

一、无形资产概念和特征

（一）无形资产的概念

无形资产是指企业拥有或控制的没有实物形态的可辨认非货币性资产。

（二）无形资产的特征

相对于其他资产，无形资产具有以下特征：

1. 无形资产不具有实物形态
2. 无形资产具有可辨认性
3. 无形资产属于非货币性资产

二、无形资产主要包括的内容

1. 专利权
2. 非专利技术
3. 商标权
4. 著作权
5. 特许权

6. 土地使用权

三、无形资产的核算

无形资产需同时满足以下条件时才能予以确认：

1. 与该无形资产有关的经济利益很可能流入企业

2. 该无形资产的成本能够可靠地计量

在确定无形资产入账金额时，企业应当根据无形资产取得方式作为计量的基础：

（1）外购的无形资产，其成本包括购买价款、相关税费以及直接归属于使该项资产达到预定用途前所发生的其他支出。外购无形资产会计处理应为借记“无形资产”，贷记“银行存款”等。

（2）企业自行研究开发的无形资产，其成本包括自满足资本化条件的时点起至无形资产达到预定用途前所发生的可直接归属于该无形资产的创造、生产并使该资产能够以管理层预定的方式运作的必要支出总和。

企业自行开发无形资产发生的研发支出，不满足资本化条件的，借记“研发支出——费用化支出”科目，满足资本化条件的，借记“研发支出——资本化支出”科目，贷记“原材料”“银行存款”“应付无形资产和其他资产”等科目。研究阶段支出期（月）末由“研发支出——费用化支出”转入“管理费用”；开发阶段支出符合资本化条件的，先计入“研发支出——资本化支出”科目，达到预定用途形成无形资产时转入“无形资产”；不符合资本化条件的，应当由“研发支出——费用化支出”转入“管理费用”。

在确定无形资产摊销金额时，企业应当按月对无形资产进行摊销。对于使用寿命有限的无形资产应当自可供使用（即其达到预定用途）当月开始摊销，处置当月不再摊销。自用的无形资产摊销时借记“管理费用”；出租无形资产摊销借记“其他业务成本”；贷记“累计摊销”。

在确定无形资产的减值金额时，存在可能发生减值的迹象时，其可收回金额低于账面价值的，企业应当将该无形资产的账面价值减记至可收回金额，减记的金额确认为减值损失，借记“资产减值损失”，同时计提相应的资产减值准备，贷记“无形资产减值准备”。无形资产价值损失一经确认，在以后期间不得转回。

对于无形资产的处置，出售无形资产时，应按实际收到的金额，借记“银行存款”等科目；按已摊销的累计摊销额，借记“累计摊销”科目；原已计提减值准备的，借记“无形资产减值准备”科目；按应支付的相关税费，贷记“应交税费”等科目；按其账面余额，贷记“无形资产”科目，按其差额，贷记“营业外收入——处置非流动资产利得”科目或借记“营业外支出——处置非流动资产损失”科目。

无形资产预期不能为企业带来经济利益的，应按已摊销的累计摊销额，借记“累计摊销”科目；原已计提减值准备的，借记“无形资产减值准备”科目；按其账面余额，贷记“无形资产”科目；按其差额，借记“营业外支出”科目。

四、其他资产的核算

其他资产是指除货币资金、交易性金融资产、应收及预付款项、存货、长期股权投资、固定资产、无形资产等以外的资产，如长期待摊费用等。长期待摊费用是指企业已经发生但由本期和以后各期负担的分摊期限在1年以上的各项费用，如以经营租赁方式租入的固定资产发生的改良支出等。

■ 同步练习题

一、单项选择题

1. 企业出售无形资产的净损失应计入（ ）。

A. 销售费用　　B. 管理费用

C. 营业外支出　　D. 其他业务成本

2. 关于无形资产的后续计量，下列说法正确的是（ ）。

A. 无形资产的摊销方法只有直线法

B. 使用寿命不确定的无形资产应按10年摊销

C. 使用寿命不确定的无形资产应按系统合理的方法摊销

D. 企业无形资产的摊销方法应反映与该项无形资产有关的经济利益的预期实现方式

3. 下列情况，应作为无形资产的土地使用权的是（ ）。

A. 按期交纳的土地使用费

B. 通过行政划拨获得的土地使用权

C. 国有土地依法确定给国有企业使用

D. 将通过行政划拨获得的土地使用权有偿转让，按规定补交的土地出让价款

4. 按照现行会计制度规定，下列各项中应作为无形资产入账的是（ ）。

A. 开办费

B. 广告费

C. 研发新技术过程中发生的研究费

D. 为获得土地使用权支付的土地出让金

5. 会计期末，无形资产的账面价值高于其可收回金额的差额，应当计入（ ）。

A. 管理费用　　B. 营业外支出

C. 其他业务成本　　D. 资产减值损失

6. 下列项目中，应确认为无形资产的是（ ）。

A. 企业自创的商誉　　B. 企业内部产生的品牌

C. 企业购入的专利权　　D. 企业内部研究开发项目研究阶段的支出

7. 某企业研制一项新技术，研发过程中发生研究费用20 000元，开发费用50 000元（满足资本化条件），研发成功后申请获得专利权，发生专利登记费30 000元，律师费8 000元，该项专利权的入账价值为（ ）。

A. 108 000　　B. 88 000

C. 50 000　　D. 38 000

8. 企业出租无形资产取得的收入，应当计入（ ）。

A. 主营业务收入　　B. 其他业务收入

C. 投资收益　　D. 营业外收入

9. 某企业出售一项专利权，不含税售价50万元，适用增值税税率6%。该专利权账面余额30万元（原价70万元，累计摊销40万元），已提减值准备金4万元。出售该项专利权影响当期损益为（　　）万元。

A. 24　　B. 21

C. -21　　D. -24

10. 某企业2016年1月1日购入一项专利权，实际支付款项100万元，按10年的预计使用寿命采用直线法摊销。2017年末，该无形资产的可收回金额为60万元。2018年1月1日，对无形资产的使用寿命和摊销方法进行复核，该无形资产的尚可使用寿命为5年，摊销方法仍采用直线法。该专利权2018年应摊销的金额为（　　）。

A. 16　　B. 15

C. 12　　D. 10

11. 无形资产是指企业拥有或控制的没有实物形态的可辨认非货币性资产。不属于无形资产的是（　　）。

A. 商誉　　B. 专利权

C. 土地使用权　　D. 非专利技术

12. 企业进行研究与开发无形资产过程中发生的各项支出，应记入的会计科目是（　　）。

A. 研发支出　　B. 管理费用

C. 无形资产　　D. 销售费用

13. 甲公司内部研究开发一项专利技术项目，2017年1月在研究开发中研究阶段的支出，实际发生有关研究费用60万元。2017年开发阶段的支出，包括实际发生材料费用100万元，参与研究的人员薪酬50万元，假定符合资本化条件。2017年2月依法申请注册取得专利权，发生注册费3万元，律师费7万元，则2017年2月该无形资产的入账价值应为（　　）万元。

A. 210　　B. 160

C. 70　　D. 10

14. 企业购入或支付土地出让金取得的土地使用权，在开发或建造自用固定资产项目后，作为核算的会计科目是（　　）。

A. 固定资产　　B. 在建工程

C. 无形资产　　D. 长期待摊费用

15. 甲公司2015年1月6日购入一项计算机软件程序，入账价值为525万元，预计使用年限为5年。2016年12月31日该无形资产的可收回金额为320万元，则2016年12月31日账面价值为（　　）万元。

A. 375　　B. 320

C. 315　　D. 312.6

16. A上市公司拟增发新股，甲公司以一项账面原值为450万元．已摊销75万元，公允价值为420万元的无形资产抵缴认购股款420万元，按照投资合同或协议约定的价值为420万元。2017年8月6日A公司收到该项无形资产，并办理完毕相关手续。A公司预计使用年限为10年，净残值为零，采用直线法摊销，2017年9月6日该项无形资产达到能够按管理层预定的方式运作所必须的状态并正式投入使用，则A公司2017年末摊销记入的借方会计科目是（　　）。

A. 管理费用14万元　　B. 资本公积15万元

C. 管理费用12.5万元　　D. 其他业务成本10.50万元

17. 2016年4月16日，A公司将一项专利权出售，取得价款30万元，不考虑相关税费。该专利权为2014年1月18日购入，实际支付的买价70万元，另付相关费用2万元。该专利权的摊销年限为5年，采用直线法摊销。转让该专利形成的净损益为（　　）万元。

A. 9.6　　B. 8.5

C. -8.5　　D. -9.6

18. 企业出售无形资产发生的净收益应记入（　　）。

A. 其他业务成本　　B. 主营业务成本

C. 投资收益　　D. 营业外收入

19. 无形资产预期不能为企业带来经济利益的，应按已计提的累计摊销，借记“累计摊销”科目，原已计提减值准备的，借记“无形资产减值准备”科目，按其账面余额，贷记“无形资产”科目，按其差额借记的科目是（　　）。

A. 营业外支出　　B. 管理费用

C. 投资收益　　D. 营业外收入

20. A公司2017年2月购买一项专利技术，未支付价款；2017年3月支付全部价款；2017年4月开始进行该项专利技术的测试，2017年5月完成该专利技术测试任务，其达到能够按管理层预定的方式运作所必须的状态。则无形资产的摊销期开始的月份为（　　）。

A. 2月　　B. 3月

C. 4月　　D. 5月

二、多项选择题（每题均有多个正确答案，请从每题的备选答案中选出你认为正确的答案）

1. 下列各项中，企业应确认为无形资产的有（　　）。

A. 商誉

B. 无偿划拨取得的土地使用权

C. 自行开发并按法律程序申请取得的专利权

D. 因转让土地使用权补交的土地出让金

2. 关于无形资产的确认，应同时满足的条件有（　　）。

A. 必须是企业外购的

B. 符合无形资产的定义

C. 该无形资产的成本能够可靠地计量

D. 与该项资产有关的经济利益很可能流入企业

3. 有关无形资产的摊销，下列说法正确的有（　　）。

A. 无形资产摊销期限应不超过10年

B. 使用寿命有限的无形资产一定无残值

C. 当月增加的无形资产当月开始摊销，当月减少的无形资产当月不摊销

D. 使用寿命有限的无形资产，其应摊销金额应当在使用寿命内合理摊销

4. 关于无形资产，下列说法正确的有（　　）。

A. 具有可辨认性　　B. 没有实物形态

C. 商誉属于无形资产　　D. 属于非货币性长期资产

5. 下列各项中，会引起无形资产账面价值发生增减变动的有（　）。

A. 摊销无形资产成本

B. 无形资产计提减值准备

C. 企业内部研究开发项目研究阶段的支出

D. 企业内部研究开发项目开发阶段不符合资本化确认条件的支出

6. 下列各项中，属于无形资产的有（　　）。

A. 商誉　　B. 商标权

C. 专利权　　D. 土地使用权

7. 影响企业出售无形资产时产生净损益的因素有（　）。

A. 原价　　B. 售价

C. 累计摊销　　D. 无形资产减值准备

8. 企业在自行开发并取得专利权的过程中所发生的下列支出，不计入该专利权入账价值的有（　　）。

A. 研究过程中领用的材料

B. 研究过程中发生的人工费

C. 开发过程中发生的符合资本化条件的开发支出

D. 依法取得专利权发生的聘请律师费用和注册费

9. 企业摊销无形资产可以计入的账户有（　　）。

A. 管理费用　　B. 制造费用

C. 其他业务成本　　D. 营业外支出

10. 出售无形资产的转让成本包括（　　）。

A. 无形资产的账面价值　　B. 出租无形资产取得的收入

C. 出售无形资产的洽谈费用　　D. 出售无形资产时应缴纳的税金

11. “研发支出”科目核算企业进行研究与开发无形资产过程中发生的各项支出，其正确的表述方法有（　　）。

A. 本科目应当按照研究开发项目，分别“费用化支出”与“资本化支出”进行明细核算

B. 企业自行开发无形资产发生的研发支出，满足资本化条件的，借记“研发支出——资本化支出”科目

C. 期末，企业应将该科目归集的费用化支出金额，借记“管理费用”科目，贷记“研发支出——资本化支出”科目

D. 研究开发项目达到预定用途形成无形资产的，应按“研发支出——资本化支

出”的余额，借记“无形资产”科目，贷记“研发支出——资本化支出”科目

12. 下列各项中，关于无形资产摊销表述正确的有（　　）。

A. 使用寿命不确定的无形资产不应摊销

B. 出租无形资产的摊销额应计入管理费用

C. 使用寿命有限的无形资产处置当月不再摊销

D. 无形资产的摊销方法主要有直接法和生产总量法

13. 下列各项中，关于无形资产会计处理的表述正确的有（　　）。

A. 预期不能给企业带来经济利益的专利权应终止确认无形资产

B. 无形资产减值损失确认后不能转回

C. 处置无形资产形成的净损失应计入营业外支出

D. 使用寿命不确定无形资产不应摊销

14. 有关无形资产的摊销方法表述正确的有（　　）。

A. 企业摊销无形资产，应当自无形资产可供使用时起，至不再作为无形资产确认时止

B. 无法预见无形资产为企业带来经济利益期限的，应当视为使用寿命不确定的无形资产，应按照10年摊销

C. 无形资产的使用寿命为有限的，应当估计该使用寿命的年限或者构成使用寿命的产量等类似计量单位数量，其应摊销金额应当在使用寿命内系统合理摊销

D. 企业选择的无形资产摊销方法，应当反映与该项无形资产有关的经济利益的预期实现方式。无法可靠确定预期实现方式的，应当采用直线法摊销

15. 企业内部开发项目发生的开发支出，在同时满足下列条件的，应当确认为无形资产的有（　　）。

A. 具有完成该无形资产并使用或出售的意图

B. 完成该无形资产以使其能够使用或出售在技术上具有可行性

C. 无形资产能够为企业带来未来经济利益，应当对运用该无形资产生产的产品市场情况进行可靠预计，以证明所生产的产品存在市场并能够带来经济利益的流入

D. 有足够的技术、财务资源和其他资源支持，以完成该无形资产的开发，并有能力使用或出售该无形资产

16. 企业确定无形资产的使用寿命，应当考虑的因素有（　　）。

A. 现在或潜在的竞争者预期采取的行动

B. 以该资产生产的产品或服务的市场需求情况

C. 技术、工艺等方面的现实情况及对未来发展的估计

D. 该资产通常的产品寿命周期，可获得的类似资产使用寿命的信息

17. 下列有关无形资产表述正确的有（　　）。

A. 使用寿命不确定的无形资产不应摊销

B. 任何情况下，使用寿命有限的无形资产，其残值应当视为零

C. 如果可以根据活跃市场得到预计残值信息，并且该市场在无形资产使用寿命结束时很可能存在，应预计残值

D. 如果有第三方承诺在无形资产使用寿命结束时购买该无形资产，应预计其有残值

18. 企业至少应当于每年年度终了，对使用寿命有限、使用寿命不确定的无形资产的进行复核，其不正确的会计处理方法有（　　）。

A. 使用寿命有限的无形资产，其摊销方法不得变更，只能采用直线法摊销

B. 使用寿命有限的无形资产，其使用寿命与以前估计不同的，应当改变摊销期限，按照会计政策变更方法进行处理

C. 使用寿命有限的无形资产，其摊销方法与以前估计不同的，应当改变摊销方法，按照会计估价变更方法进行处理

D. 使用寿命有限的无形资产，其使用寿命与以前估计不同的，应当改变摊销期限，按照会计估价变更方法进行处理

19. 下列有关无形资产会计处理的表述中，正确的有（　　）。

A. 企业出售无形资产，应当将取得的价款与该无形资产账面价值的差额计入当期损益

B. 无形资产预期不能为企业带来经济利益的，应当将该无形资产的账面价值计入管理费用

C. 企业摊销无形资产，应当自无形资产可供使用时起，至不再作为无形资产确认时止

D. 只有很可能为企业带来经济利益且其成本能够可靠计量的无形资产才能予以确认

20. 下列有关无形资产摊销的核算处理，不正确的有（　　）。

A. 使用寿命有限的无形资产，其残值一定为零

B. 企业的无形资产摊销方法，只能采用直线法摊销，不允许采用其他方法摊销

C. 企业对使用寿命有限的无形资产进行摊销，摊销金额一般应当计入当期损益，同时贷记“无形资产”科目

D. 企业对使用寿命有限的无形资产进行摊销，摊销金额一般应当计入当期损益，同时贷记“累计摊销”科目

三、判断题

1. 无形资产包括可辨认非货币性无形资产和不可辨认无形资产。（　　）
2. 企业取得的使用寿命有限的无形资产均应按直线法摊销。（　　）
3. 企业开发阶段发生的全部支出应全部资本化，计入无形资产成本。（　　）
4. 企业内部研究开发项目的支出，应当区分研究阶段支出与开发阶段支出。（　　）
5. 使用寿命有限的无形资产一定无残值。（　　）
6. 使用寿命不确定的无形资产，其摊销年限不应超过10年。（　　）
7. 企业出租、出售无形资产取得的收入，均应作为营业外收入来处理。（　　）
8. 投资者投入的无形资产的成本，都应按照投资合同或协议约定的价值入账。（　　）
9. 购入无形资产超过正常信用条件延期支付价款，实质上具有融资性质的，应按所购无形资产购买价款的现值入账。（　　）

10. 用于出租或增值后出售的土地使用权属于投资性房地产，不属于无形资产。（　　）

11. 企业取得的土地使用权通常应确认为无形资产。土地使用权用于自行开发建造厂房等地上建筑物时，土地使用权与地上建筑物分别进行摊销和提取折旧。（　　）

12. 采用公允价值相对比例确定与其他资产一同购入的无形资产的成本，无论无形资产的相对价值是否较大，还是相对价值较小，均应作为无形资产和其他资产分别核算。（　　）

13. 房地产开发企业取得的土地使用权用于建造对外出售的房屋建筑物，相关的土地使用权应当计入所建造的房屋建筑物成本。（　　）

14. 企业外购的房屋建筑物支付的价款无法在地上建筑物与土地使用权之间分配的，应当按照《企业会计准则第4号——固定资产》规定，确认为固定资产原价。（　　）

15. 使用寿命有限的无形资产应当摊销，使用寿命不确定的无形资产不予摊销。（　　）

16. 由于出售无形资产属于企业的日常活动，因此出售无形资产所取得的收入应通过“其他业务收入”科目核算。（　　）

17. 专门用于生产某产品的无形资产，其所包含的经济利益通过所生产的产品实现的，该无形资产的摊销额应计入产品成本。（　　）

18. 商誉是企业合并成本大于合并取得被购买方各项可辨认资产、负债公允价值份额的差额，属于《企业会计准则第6号——无形资产》所规范的无形资产。（　　）

19. 无形资产作为能为企业带来经济利益的一种长期资产，应在一定期限内平均摊销，其摊销金额计入管理费用，同时冲减无形资产的账面余额；报废时无残值。（　　）

20. 企业自行开发无形资产发生的研发支出，不满足资本化条件的，借记“管理费用”，满足资本化条件的，借记“无形资产”科目。（　　）

四、综合训练题

（一）某公司对经营租赁方式租入的一台生产用设备进行改良，改良过程中共计发生改良人员薪酬等支出120 000元，2017年10月达到预定可使用状态。该设备预计尚可使用年限10年，租期3年。要求：

1. 编制发生改良支出的会计分录。

2. 计算2017年应摊销的改良支出并编制会计分录。

（二）企业自行研制开发一项技术，经申请获得专利权。有关资料如下：

1. 2016年5月1日以银行存款支付研发支出5 670元，其中符合资本化条件的是3 000元。

2. 2016年12月1日无形资产研发成功，并以银行存款支付律师费2 700元，注册费300元。

3. 企业按规定在5年内平均分摊，并于每月末摊销。

4. 2017年7月1日，企业为保持此专利权的先进性，进行后续研究，发生研究费用2 900元，以银行存款支付。

5. 2017年12月1日，企业将此专利出售给A公司，增值税专用发票注明不含税价款16 500元，增值税税额990元，款项已存银行。

要求：

(1) 计算该专利权的入账价值，并编制研制过程与注册业务的相关付款业务分录。

(2) 计算每月末的摊销额，并编制摊销分录。

(3) 编制企业为保持专利权的先进性支付研发费用的分录。

(4) 计算该专利权的出售损益，并编制相应分录。（“应交税费”科目要求写出明细科目）

五、不定项选择题

（一）甲公司为增值税一般纳税人，适用的增值税税率为17%，2014年至2018年公司无形资产业务有关资料如下：

(1) 2014年1月1日，以银行存款480万元购入一项专利技术，另支付相关费用20万元，该无形资产预计使用年限为10年，按直线法摊销。

(2) 2016年12月31日，预计该无形资产的可收回金额为300万元，该无形资产发生减值后，预计该无形资产尚可使用5年。

(3) 2018年4月1日，将该无形资产对外出售，增值税专用发票注明不含税价款250万元，增值税税额15万元，价款收存银行，不考虑增值税以外的税费。

要求：根据上述材料，不考虑其他因素，分析回答下列第1～6小题（金额单位万元）。

1. 根据资料（1），购入该无形资产时，编制的会计分录中正确的选项是（　　）。

A. 借：应交税费　20	B. 借：无形资产　500
C. 借：无形资产　480	D. 贷：银行存款　500

2. 对于该无形资产，下列说法正确的是（　　）。

A. 2014年摊销金额为50万元

B. 该项无形资产摊销金额借记管理费用

C. 应当自2014年2月开始计提无形资产摊销

D. 应当自2014年1月开始计提无形资产摊销

3. 2016年12月31日该无形资产计提减值前的账面价值为（　　）万元。

A. 350	B. 142
C. 400	D. 500

4. 2016年12月31日，对该项无形资产下列处理正确的是（　　）。

A. 不做账务处理

B. 借记资产减值损失50，贷记无形资产减值准备50

C. 如果以后会计期间无形资产减值因素消失，已计提的无形资产减值可以转回

D. 期末，将无形资产账面价值与可收回金额进行比较，如果账面价值大于可收回金额，则无形资产发生了减值，应计提减值准备

5. 2017年，对该项无形资产下列处理正确的是（　　）。

A. 借记管理费用60，贷记累计摊销60

B. 无形资产减值后，应当重新估计其使用寿命和净残值

C. 截至 2017 年 12 月 31 日无形资产的账面价值为 240 万元

D. 截至 2017 年 12 月 31 日无形资产的账面价值为 300 万元

6. 该无形资产出售时，下列处理正确的是（　　）。

A. 确认银行存款科目增加 250 万元

B. 出售时无形资产的账面价值为 225 万元

C. 该项无形资产出售应交增值税为 15 万元

D. 出售该项无形资产获得营业外收入 12.5 万元

（二）A 公司为增值税一般纳税人，适用的增值税税率为 17%。A 公司自行研究开发一项专利技术，有关资料如下：

（1）2015 年 5 月 1 日以银行存款支付研究费用 20 万元。

（2）2016 年 6 月 1 日进入正式开发阶段，共发生开发支出 105 万元，其中符合资本化条件的为 95 万元。

（3）2017 年 1 月 1 日该项无形资产研发成功，以银行存款支付律师咨询费．专利权申请费共计 5 万元。2012 年 1 月 1 日开始使用，估计使用年限为 8 年。

（4）2017 年 12 月 31 日该专利权可收回金额为 80 万元，减值后，无形资产预计还可以使用 5 年。

（5）2018 年 7 月 1 日，企业以 75 万元的不含税价格将此专利权出售给丙公司，款项已收存银行，出售该专利权按 6% 计算增值税（不考虑其他相关税费）。

要求：根据上述材料，不考虑其他因素，分析回答下列第 1 ~ 6 小题。（金额单位为万元）

1. 根据资料（1），2015 年 5 月末编制的会计分录正确的是（　　）。

A. 借：管理费用　20
　　贷：研发支出——费用化支出　20

B. 借：管理费用　20
　　贷：银行存款　20

C. 借：研发支出——费用化支出　20
　　贷：管理费用　20

D. 借：管理费用　20
　　贷：研发支出——资本化支出　20

2. 根据资料（2），下列会计处理正确的选项是（　　）。

A. 借：管理费用　105
　　贷：银行存款　105

B. 借：研发支出——资本化支出　95
　　贷：银行存款　95

C. 借：无形资产　95
　　贷：银行存款　95

D. 借：研发支出——费用化支出　105
　　贷：银行存款　105

3. 根据资料（3），开发成功后无形资产的入账金额为（　　）万元。

A. 110　　B. 105

C. 95　　D. 100

4. 根据资料（4），对经济业务处理说法正确的是（　　）。

A. 计提无形资产减值准备7.5万元

B. 2017年12月31日减值前，无形资产账面价值为80万元

C. 2017年12月31日减值前，无形资产账面价值为87.5万元

D. 不用计提无形资产减值准备，因为该项无形资产没有发生减值

5. 根据资料（5），对经济业务处理描述正确的是（　　）。

A. 银行存款增加75万元

B. 银行存款增加79.5万元

C. 无形资产出售净损失0.75万元

D. 出售时确认应交增值税4.5万元

6. 根据上述资料，2017年1月1日至2018年6月30日，无形资产的摊销额是（　　）万元。

A. 20.5　　B. 15

C. 12.5　　D. 8

6 学习情境六 对外投资核算

内容概要

- 对外投资核算
  - 以公允价值计量且其变动计入当期损益的金融资产
    - 确认原则
    - 取得业务处理
    - 持有期业务处理
    - 出售业务处理
  - 持有至到期投资
    - 确认原则
    - 平价购入债券业务处理
    - 持有期计提利息业务处理
    - 到期收回业务处理
    - 资产减值业务处理
    - 出售业务处理
  - 长期股权投资
    - 确认原则
    - 初始投资成本的确认方法
    - 长期股权投资核算的成本法
    - 长期股权投资核算的权益法
    - 长期股权投资减值
    - 长期股权投资出售

学习内容

一、以公允价值计量且其变动计入当期损益的金融资产

包括交易性金融资产和直接指定为以公允价值计量且其变动计入当期损益的金融资产两种。

（1）交易性金融资产是指企业以赚差价为目的的持有，准备近期内出售而持有的债券投资、股票投资和基金投资。

满足以下条件之一的金融资产应当划分为交易性金融资产：①取得金融资产的目的主要是为了近期内出售或回购或赎回。②属于进行集中管理的可辨认金融工具组合的一部分，具有客观证据表明企业近期采用短期获利方式对该组合进行管理。③属于金融衍生工具。但被企业指定为有效套期工具的衍生工具属于财务担保合同的衍生工具、与在

活跃市场中没有报价且其公允价值不能可靠计量的权益工具投资挂钩并须通过交付该权益工具结算的衍生工具除外。

（2）企业将某项金融资产指定为以公允价值计量且其变动计入当期损益的金融资产，通常是指该金融资产不满足确认为交易性金融资产条件时，企业仍可在符合条件的某些特定条件的情况下按其公允价值计量，并将其公允价值变动计入当期损益。

符合下列任何一个条件即可：①该指定可以消除或明显减少由于该金融资产的计量基础不同所导致的相关利得或损失在确认或计量方面不一致的情况。②企业风险管理或投资策略的正式书面文件已载明，该金融资产组合或该金融资产和金融负债组合，以公允价值为基础进行管理、评价并向关键管理人员报告。

（一）交易性金融资产的取得

借：交易性金融资产——成本（公允价值）
　　投资收益（发生的交易费用）
　　应收股利（已宣告但尚未发放的现金股利）
　　应收利息（实际支付的款项中含有的利息）
　　贷：银行存款等

交易费用是指可直接归属于购买、发行或处置金融工具新增的外部费用，包括支付给代理机构、咨询公司、券商等的手续费和佣金及其他必要支出。

（二）交易性金融资产的现金股利和利息

借：应收股利（被投资单位宣告发放的现金股利×投资持股比例）
　　应收利息（资产负债表日计算的应收利息）
　　贷：投资收益

（三）交易性金融资产的期末计量

1. 公允价值上升

借：交易性金融资产——公允价值变动
　　贷：公允价值变动损益

2. 公允价值下降

借：公允价值变动损益
　　贷：交易性金融资产——公允价值变动

（四）交易性金融资产的处置

借：银行存款（价款扣除手续费）
　　贷：交易性金融资产
　　　　投资收益（差额，也可能在借方）

同时：

借：公允价值变动损益（原计入该金融资产的公允价值变动）
　　贷：投资收益

或：

借：投资收益

　　贷：公允价值变动损益

二、持有至到期投资的核算

（一）持有至到期投资的含义

持有至到期投资是指到期日固定、回收金额固定或可确定，且企业有明确意图和能力持有至到期的非衍生金融资产，比如国债、企业债券、金融债券等。

（二）持有至到期投资的取得

1. 持有至到期投资核算设置的会计科目

（1）持有至到期投资——成本（面值）

　　　　　　　　　——利息调整

　　　　　　　　　——应计利息（一次还本付息）

（2）应收利息（分期付息、到期还本的债券）。

（3）投资收益。

（4）持有至到期投资减值准备。

注意：持有至到期投资的账面余额 = 成本 +（-）利息调整 + 应计利息

　　　持有至到期投资的账面价值 = 账面余额 - 持有至到期投资减值准备

2. 持有至到期投资的取得

持有至到期投资初始确认时，应当按照（公允价值和相关交易费用之和）作为初始入账金额。

借：持有至到期投资——成本（面值）

　　应收利息（已到付息期但尚未领取的债券利息）

　　贷：其他货币资金——存出投资款

　　　　持有至到期投资——利息调整（倒挤或借）

（三）持有至到期投资持有期间的核算

企业应当采用实际利率法，按摊余成本对持有至到期投资进行后续计量。

1. 实际利率

（1）如果债券是按面值发行，实际利率等于票面利率。

（2）如果债券是按溢价发行，实际利率小于票面利率。

（3）如果债券是按折价发行，实际利率大于票面利率。

2. 金融资产的摊余成本（账面价值），是指经过下面调整后的结果：

（1）扣除已偿还的本金。

（2）扣除已发生的减值损失。

（3）加上或减去采用实际利率法将该初始确认金额与到期日金额之间的差额进行摊销形成的累计摊销额（利息调整的摊销额）。

【某期末摊余成本】= 期初摊余成本 + 利息调整摊销额 - 实际收到本金 - 减值准备

利息调整摊销额=期初摊余成本×实际利率-面值×票面利率。

【简便计算方法】某期期末摊余成本=期初摊余成本+期初摊余成本×实际利率-面值×票面利率。

(四)持有至到期投资的减值

1. 金融资产减值损失的确认

企业应当在资产负债表日对以公允价值计量且其变动计入当期损益的金融资产(交易性金融资产)以外的金融资产的账面价值进行检查,有客观证据表明该金融资产发生减值的,应当计提减值准备。

2. 持有至到期投资减值损失的计量

(1)持有至到期投资发生减值时,应当将该金融资产的账面价值减记至预计未来现金流量现值,减记的金额确认为资产减值损失,计入当期损益(资产减值损失)。

计提减值准备:

借:资产减值损失

　　贷:持有至到期投资减值准备

(2)对持有至到期投资确认减值损失后,如有客观证据表明该金融资产价值已恢复,应在原确认的减值损失范围内按已恢复的金额予以转回,计入当期损益(资产减值损失)。

恢复减值:

借:持有至到期投资减值准备

　　贷:资产减值损失

(五)持有至到期投资的处置

处置持有至到期投资时,应将所取得价款与持有至到期投资账面价值之间的差额,计入当期损益。

借:其他货币资金——存出投资款(处置价款)

　　持有至到期投资减值准备

　　贷:持有至到期投资——成本(面值)

　　　　　　　　　　——利息调整(或借)

　　　　　　　　　　——应计利息(到期一次还本付息的债券)

　　　　应收利息(分期付息到期还本,应收而未收的利息)

　　　　投资收益(或借)

三、长期股权投资的核算

(一)采用成本法核算长期股权投资的账务处理

1. 长期股权投资初始投资成本的确定

除企业合并形成的长期股权投资以外,以支付现金取得的长期股权投资,应当按照实际支付的购买价款作为初始投资成本。企业所发生的与取得长期股权投资直接相关的费用、税金及其他必要支出应计入长期股权投资的初始投资成本。

2. 取得长期股权投资

取得长期股权投资时，应按照初始投资成本计价。

3. 长期股权投资持有期间被投资单位宣告发放现金股利或利润

长期股权投资持有期间被投资单位宣告发放现金股利或利润时，企业按应享有的部分确认为投资收益。

4. 长期股权投资的处置

处置长期股权投资时，按实际取得的价款与长期股权投资账面价值的差额确认为投资损益，并应同时结转已计提的长期股权投资减值准备。

（二）采用权益法核算长期股权投资的账务处理

1. 取得长期股权投资

取得长期股权投资，长期股权投资的初始投资成本大于投资时应享有被投资单位可辨认净资产公允价值份额的，不调整已确认的初始投资成本，长期股权投资的初始投资成本小于投资时应享有被投资单位可辨认净资产公允价值份额的，计入当期损益。

2. 投资损益的确认

投资企业取得长期股权投资后，应当按照应享有或应分担被投资单位实现净利润或发生净亏损的份额（法规或章程规定不属于投资企业的净损益除外），调整长期股权投资的账面价值，并确认为当期投资损益。

3. 持有长期股权投资期间被投资单位所有者权益的其他变动

在持股比例不变的情况下，被投资单位除净损益外所有者权益的其他变动，企业按持股比例计算应享有的份额，相应调整长期股权投资的账面价值，同时增加或减少资本公积。

4. 长期股权投资的处置

处置长期股权投资时，按实际取得的价款与长期股权投资账面价值的差额确认为投资损益，并应同时结转已计提的长期股权投资减值准备。

同步练习题

一、单项选择题

1. 下列关于交易性金融资产的“成本”，说法正确的是（　　）。

A. 购买时支付的交易费用

B. 购买时支付的买价和交易费用

C. 购买时支付的买价，含已到期而未领取的利息或已宣告而未领取的现金股利

D. 购买时支付的买价，不含已到期而未领取的利息或已宣告而未领取的现金股利

2. 资产负债表日，交易性金融资产的公允价值大于交易性金融资产的账面余额的差额，应计入（　　）。

A. “投资收益”账户的贷方　　B. “投资收益”账户的借方

C. “公允价值变动损益”账户的贷方　　D. “公允价值变动损益”账户的借方

3. 下列关于“交易性金融资产”账户，说法正确的是（　　）。

A. 交易性金融资产的账面余额一定大于“交易性金融资产——成本”明细账的余额

B. “交易性金融资产——公允价值变动”明细账的余额可能在借方，也可能在贷方或余额为零

C. 交易性金融资产的账面余额是指交易性金融资产总账余额扣除资产负债表日公允价值变动额

D. “交易性金融资产”账户的核算内容包括买价、交易费用、赚取的现金股利、公允价值变动额

4. M公司5月3日购入甲公司债券，买价20 000元，购入A公司股票，买价115 000元，作为交易性金融资产。6月30日，所购入甲公司债券市价为20 100元，所购A公司股票市价为105 000元。则M公司期末应计入“公允价值变动损益”科目的金额为（　）元。

A. 借记100　　B. 借记9 900

C. 贷记10 000　　D. 贷记10 100

5. 企业购买股票作为交易性金融资产，买价中含有的已宣告而未领取的现金股利，下列处理方法正确的是（　　）。

A. 计入交易性金融资产的成本　　B. 作为一项债权，计入“应收利息”

C. 作为一项债权，计入“应收股利”　　D. 作为一项债权，计入“其他应收款”

6. 2017年10月18日，某公司从证券市场购入一笔债券作为交易性金融资产。该笔债券面值80 000元，票面年利率6%，买价82 000元（含已到期半年利息），另付交易费用300元。则该项交易性金融资产的成本为（　　）。

A. 79 600　　B. 79 900

C. 80 300　　D. 82 300

7. 企业出售交易性金融资产，售价30万元，交易费用0.2万元，交易性金融资产的成本22万元，交易性金融资产的累计公允价值变动收益为3万元。则影响出售当期损益的金额为（　　）万元。

A. 4.8　　B. 5

C. 7.8　　D. 8

8. A公司拥有B公司80%的普通股，C公司拥有B公司20%的普通股，A公司能够控制B公司的生产经营活动，C公司对B公司的生产经营活动有重大影响，A、C公司对B公司的投资均划分为长期股权投资，则A、C对B公司的长期股权投资的后续计量应分别采用的方法是（　　）。

A. 成本法和成本法　　B. 成本法和权益法

C. 权益法和成本法　　D. 权益法和权益法

9. 在长期股权投资采用权益法核算时，下列各项中，投资方在期末应当确认投资收益的是（　　）。

A. 被投资企业实现净利润

B. 被投资企业提取盈余公积

C. 收到被投资企业分派的股票股利

D. 被投资企业除实现净损益外的其他因素导致的所有者权益发生变动

10. 以发行权益性证券取得的长期股权投资（非企业合并），其初始投资成本应当按照（　　）确定。

A. 发行权益性证券的公允价值

B. 发行权益性证券的账面价值

C. 发行权益性证券的面值总额

D. 取得的长期股权投资原投资单位的账面价值

11. 某企业 2018 年 1 月 1 日购入 B 公司 60% 的有表决权股份作为长期股权投资，实际支付价款 300 万元。4 月 1 日 B 公司宣告派发 2008 年现金股利 100 万元，当年 B 公司净利润 120 万元，2018 年年末企业的长期股权投资账面余额为（　　）万元。

A. 240　　B. 300

C. 354　　D. 372

12. 关于投资者投入的长期股权投资，下列说法正确的是（　　）。

A. 按协议签订日的市价作为初始投资成本

B. 按原投资者持有投资的账面价值作为初始投资成本

C. 应当按照投资合同或协议约定的价值作为初始投资成本，但合同或协议约定价值不公允的除外

D. 无论合同或协议约定价值是否公允，都应当按照投资合同或协议约定的价值作为初始投资成本

13. 采用权益法核算时，下列各项不会引起投资企业长期股权投资账面价值发生增减变动的是（　　）。

A. 被投资单位接受现金捐赠　　B. 被投资单位接受实物捐赠

C. 被投资单位宣告分派股票股利　　D. 被投资单位宣告分派现金股利

14. 按照会计准则规定，下列说法中正确的是（　　）。

A. 投资企业对子公司的长期股权投资的后续计量，应当采用成本法

B. 投资企业对子公司的长期股权投资的后续计量，应当采用权益法

C. 投资企业对子公司的长期股权投资的后续计量，既可以采用成本法，也可以采用权益法

D. 投资企业对子公司的长期股权投资，初始计量采用成本法，后续计量采用权益法核算

15. A 公司于 2018 年 1 月 1 日用货币资金从证券市场上购入 B 公司发行在外的股份的 25%，实际支付价款 500 万元，另支付相关税费 5 万元，A 公司将该项投资划分为长期股权投资。同日，B 公司可辨认净资产的公允价值为 2 200 万元。A 公司 2018 年 1 月 1 日取得确认的长期股权投资的初始投资成本为（　　）。

A. 500　　B. 505

C. 550　　D. 555

16. 2018 年 4 月 20 日，A 公司从证券市场购入 E 公司普通股 20 万股，买价 4 元/股（含已宣告而未发放的现金股利 0.2 元），另付相关税费 0.2 万元，拥有 E 公司 10%

的股份，A公司将其作为长期股权投资，采用成本法核算。则该项投资的初始成本为（　　）万元。

A. 76　　B. 76.2

C. 80　　D. 80.2

17. 乙公司2018年1月10日购买甲公司发行的股票1 000万股并准备长期持有，占甲公司股份的25%，每股买入价为6元，另外购买该股票时发生相关税费40万元，2017年12月31日，甲公司的所有者权益的公允价值30 000万元，则乙长期股权投资的入账价值为（　　）万元

A. 6 000　　B. 6 040

C. 7 500　　D. 7 540

18. 根据《企业会计准则第2号——长期股权投资》的规定，长期股权投资采用权益法核算时，下列各项最终不会引起长期股权投资账面价值变动的是（　　）。

A. 被投资单位发生净亏损

B. 被投资单位宣告发放现金股利

C. 被投资单位计提盈余公积

D. 被投资单位持有的可供出售权益工具的公允价值上升

19. 2018年1月1日，甲公司以1 100万元购入乙公司当日发行的面值为1 000万元的5年期债券，作为持有至到期投资。该债券票面年利率为10%，每年付息一次，实际年利率为7.53%。假定不考虑其他因素，2018年12月31日甲公司应确认的投资收益为（　　）万元。

A. 20　　B. 50

C. 82.53　　D. 82.83

20. 企业取得持有至到期投资时支付的下列款项中，不得计入其初始投资成本的是（　　）。

A. 税金　　B. 手续费

C. 购买价款　　D. 实际价款中包含的分期付息的利息

21. 企业购入分期付息的持有至到期投资，期末确认尚未收到的利息时，应借记的科目是（　　）。

A. 应收利息　　B. 投资收益

C. 持有至到期投资——应计利息　　D. 持有至到期投资——面值

22. 采用实际利率法进行一次还本分期付息的持有至到期投资的利息调整借差摊销时，摊销额（　　）。

A. 逐期递增　　B. 逐期递减

C. 保持不变　　D. 变化不能确定

23. 采用实际利率法进行一次还本分期付息的持有至到期投资的利息调整贷差摊销时，摊销额（　　）。

A. 逐期递增　　B. 逐期递减

C. 保持不变　　D. 变化不能确定

24. 采用直线法进行一次还本分期付息的持有至到期投资的利息调整摊销时，各期

（　　）。

A. 投资收益额不变　　B. 投资收益率不变

C. 投资收益额递增　　D. 投资收益额递减

25. 采用实际利率法进行一次还本的持有至到期投资的利息调整摊销时，各期（　　）。

A. 投资收益额保持不变　　B. 投资收益率保持不变

C. 溢折价摊销额保持不变　　D. 投资账面价值保持不变

26. 某企业购买面值为 1 000 万元的一次还本分期付息的公司债券作为持有至到期投资，共支付价款 1 150 万元，其中包括手续费 4 万元、应收利息 46 万元。该项持有至到期投资应记入“持有至到期投资”科目的金额为（　　）万元。

A. 1 104　　B. 1 100

C. 1 150　　D. 1 146

27. 甲公司 2016 年 1 月 1 日购入乙公司一批票面年利率为 6%、面值为 100 000 元、期限为 5 年的持有至到期投资，实际支付银行存款 91 889 元。该债券每半年付息一次，到期归还本金并支付最后一次利息。债券利息调整摊销采用实际利率法，购入债券时的实际市场利率为 8%。2016 年 12 月 31 日甲公司该债券投资的摊余成本为（　　）元。

A. 92 564. 56　　B. 93 240. 12

C. 93 267. 14　　D. 99 240. 12

二、多项选择题

1. 企业持有交易性金融资产期间，计入“投资收益”的事项不包括（　　）。

A. 购买时支付的交易费用

B. 持有期间赚取的现金股利或利息

C. 出售所得与交易性金融资产账面余额的差额以及公允价值变动损益转入额

D. 取得的购买时已记入应收项目的现金股利和利息

2. 根据《企业会计准则》，以公允价值计量且其变动计入当期损益的金融资产包括（　　）。

A. 交易性金融资产

B. 可供出售金融资产

C. 持有至到期投资

D. 直接指定为以公允价值计量且其变动计入当期损益的金融资产

3. 下列属于交易性金融资产的有（　　）。

A. 以赚取差价为目的从二级市场购入的股票

B. 以赚取差价为目的从二级市场购入的债券

C. 以赚取差价为目的从二级市场购入的基金

D. 不具有控制、共同控制或重大影响，并且在活跃市场中没有报价、公允价值不能可靠计量的权益性投资

4. 下列项目中，投资企业不应确认为投资收益的有（　　）。

A. 权益法核算的被投资单位实现净利润

B. 成本法核算的被投资单位宣告发放的现金股利

C. 权益法核算的被投资单位宣告发放股票股利

D. 成本法核算的被投资单位接受实物资产捐赠

5. 采用权益法核算时，下列各项中，会引起长期股权投资账面价值发生变动的有（ ）。

A. 被投资单位实现净利润　　B. 计提长期股权投资减值准备

C. 被投资单位以资本公积转增资本　　D. 收到被投资单位分派的股票股利

6. 下列条件可判定投资企业对被投资单位具有重大影响的有（ ）。

A. 向被投资单位派出管理人员

B. 参与被投资单位的政策制定过程

C. 在被投资单位的董事会或类似的权力机构中派有代表

D. 直接持有被投资单位20%或以上至50%的有表决权资本

7. 投资企业与被投资企业存在（ ）关系时，投资方应采用权益法核算该长期股权投资。

A. 控制　　B. 重大影响

C. 共同控制　　D. 无重大影响

8. 按长期股权投资准则规定，下列事项中，投资企业不应采用成本法核算的有（ ）。

A. 投资企业能够对被投资单位实施控制的股权投资

B. 投资企业对被投资单位具有共同控制的股权投资

C. 投资企业对被投资单位不具有共同控制或重大影响，公允价值能够可靠计量的股权投资

D. 投资企业对被投资单位不具有共同控制或重大影响，并且在活跃市场中没有报价，公允价值不能可靠计量的股权投资

9. 下列各项中，应采用权益法核算的有（ ）。

A. 对子公司投资　　B. 对合营企业投资

C. 对联营企业投资　　D. 持股比例5%的股权投资

10. 采用成本法核算长期股权投资，下列各项中不会导致长期股权投资账面价值发生增减变动的有（ ）。

A. 长期股权投资发生减值损失

B. 持有长期股权投资期间被投资企业实现净利润

C. 持有期间被投资单位宣告发放的现金股利

D. 收到取得长期股权投资时包含在价款中的已宣告但尚未发放的现金股利

11. 权益法下，下列各项中，不会引起投资企业资本公积增减变动的有（ ）。

A. 被投资企业接受现金捐赠

B. 被投资企业增资产生的资本溢价

C. 被投资企业用盈余公积弥补以前年度亏损

D. 被投资企业处置交易性金融资产产生收益

12. 权益法下，下列事项中可能影响长期股权投资账面价值的有（ ）。

A. 被投资单位实现净损益
B. 被投资单位派发股票股利
C. 被投资单位宣告派发现金股利
D. 长期股权投资发生减值，按规定计提减值准备金

13. 企业处置长期股权投资时，正确的处理方法有（ ）。
A. 处置长期股权投资时，持有期间计提的减值准备也应一并结转
B. 处置长期股权投资，其账面价值与实际取得价款的差额，应当计入投资收益
C. 采用权益法核算的长期股权投资，因被投资单位除净损益以外所有者权益的其他变动而计入所有者权益的，处置该项投资时应当将原计入所有者权益的部分按相应比例转入投资收益
D. 采用权益法核算的长期股权投资，因被投资单位除净损益以外所有者权益的其他变动而计入所有者权益的，处置该项投资时应当将原计入所有者权益的部分按相应比例转入营业外收入

14. 下列有关甲公司对乙公司的长期股权投资，应采用成本法进行核算的有（ ）。
A. 甲公司拥有乙公司 40% 的表决权资本，甲公司的子公司拥有乙公司 30% 的表决权资本
B. 甲公司拥有乙公司 40% 的表决权资本，同时根据协议，乙公司的生产经营决策由甲公司控制
C. 甲公司拥有乙公司 15% 的表决权资本，同时根据协议规定，由甲公司负责向乙公司提供生产经营所必需的关键技术资料
D. 公司拥有乙公司 20% 的表决权资本，但对乙公司不具有共同控制或重大影响

15. 根据《企业会计准则第 2 号——长期股权投资》的规定，长期股权投资采用成本法核算时，下列各项可能会引起长期股权投资账面价值变动的有（ ）。
A. 追加投资　　B. 减少投资
C. 被投资企业实现净利润　　D. 被投资企业宣告发放现金股利

16. 对长期股权投资采用权益法核算时，当被投资企业发生的下列事项（ ），投资企业应该调整长期股权投资账面价值。
A. 实现净利润　　B. 计提盈余公积
C. 购买固定资产　　D. 宣告分配现金股利

17. 下列各项支付的价款中，不应计入投资成本的有（ ）。
A. 购入股票实付价款中包含的已宣告发放但尚未支取的股利
B. 购入持有至到期投资实付价款中包含的相关手续费
C. 购入一次付息的持有至到期投资实付价款中包含的应计利息
D. 购入分期付息的持有至到期投资实付价款中包含的未到期利息

18. 下列各项中，应计入分期付息持有至到期投资购入成本的有（ ）。
A. 债券面值　　B. 债券溢价
C. 债券折价　　D. 债券手续费

19. 采用实际利率法进行一次还本、分期付息持有至到期投资的利息调整摊销时，

各期投资收益的计算公式为（　　）。

A.（债券面值＋债券利息调整贷差）×实际利率

B.（债券面值－债券利息调整贷差）×实际利率

C.（债券面值＋债券利息调整借差）×实际利率

D.（债券面值－债券利息调整借差）×实际利率

三、判断题

1. 以公允价值计量且其变动计入当期损益的金融资产，只包括交易性金融资产。（　　）

2. 取得交易性金融资产时所发生的相关交易费用应记入“投资收益”账户的贷方。（　　）

3. “交易性金融资产——公允价值变动”科目与“公允价值变动损益”科目的性质、作用相同。（　　）

4. 交易性金融资产在资产负债表日也可以计提交易性金融资产跌价准备。（　　）

5. 某公司于2010年4月16日从证券市场购入A公司发行在外的股票100万股作为交易性金融资产，每股买价为8元（含已宣告未发放现金股利0.5元），另支付交易费用10万元。则购买时该项交易性金融资产的成本为740万。（　　）

6. 长期股权投资在成本法核算下，持有期只要被投资单位宣告发放现金股利就应确认投资收益。（　　）

7. 股权投资时买价中含有的已宣告但尚未领取的现金股利应作为应收股利处理。（　　）

8. 投资企业对被投资单位具有共同控制或重大影响的长期股权投资，应采用权益法核算。（　　）

9. 投资者投入的长期股权投资，一律应按照投资合同或协议约定的价值作为初始投资成本。（　　）

10. 投资企业对于被投资单位除净损益以外所有者权益的其他变动，应当调整长期股权投资的账面价值并计入当期损益。（　　）

11. 权益法核算长期股权投资，“长期股权投资——损益调整”明细账的余额可能在借方也可能在贷方或无余额。（　　）

12. 按会计准则规定，对子公司的长期股权投资应采用权益法核算。（　　）

13. 长期股权投资采用权益法核算，长期股权投资的初始投资成本小于投资时应享有被投资单位可辨认净资产公允价值份额的，其差额应当确认为资本公积，同时调整长期股权投资的成本。（　　）

14. A公司购入B公司5%的股份，买价161 000元，其中含有已宣告但尚未领取的现金股利4 000元。那么A公司取得长期股权投资的成本为161 000元。（　　）

15. 长期股权投资采用成本法核算的，应按被投资单位宣告发放的现金股利或利润中属于本企业的部分，借记“应收股利”科目，贷记“投资收益”科目；属于被投资单位在本企业取得投资前实现净利润的分配额，应该借记“应收股利”科目，贷记“资本公积”科目。（　　）

16. 采用权益法核算的长期股权投资的初始投资成本大于投资时应享有被投资单位可辨认净资产公允价值份额的，其差额不调整长期股权投资的成本。　　（　　）

四、业务综合题

（一）2018 年 3 月至 5 月，红旗连锁公司发生的经济业务如下：

（1）3 月 1 日，向证券公司划出投资款 1 000 万元，款项已通过开户行转入证券公司银行账户。

（2）3 月 2 日，委托证券公司购入 A 上市公司股票 100 万股，每股 8 元，另发生相关交易费用 2 万元，并将该股票划分为交易性金融资产。

（3）3 月 31 日，该股票在证券交易所的收盘价格为每股 7.70 元。

（4）4 月 30 日，该股票在证券交易所的收盘价格为每股 8.10 元。

（5）5 月 10 日，将所持有的该股票全部出售，取得价款 825 万元，已存入银行。假定不考虑相关税费。

要求：假定红旗连锁公司于每月末确认交易性金融资产的公允价值变动，请逐笔编制上述业务的会计公录。

（会计科目要求写出明细科目，答案中的金额单位用万元表示）

（二）万和上市公司 2016 至 2018 年发生长期股权投资业务如下：

（1）2016 年 1 月 3 日，购入乙公司股票 580 万股，占乙公司有表决权股份的 25%，对乙公司的财务和经营决策具有重大影响，万和公司将其作为长期股权投资核算。每股买入价 8 元，每股价格中包含已宣告但尚未发放的现金股利 0.25 元，另外支付相关税费 7 万元。款项均以银行存款支付。当日，乙公司所有者权益的账面价值（与其公允价值不存在差异）为 18 000 万元。

（2）2016 年 3 月 16 日，收到乙公司宣告分派的现金股利。

（3）2016 年度，乙公司实现净利润 3 000 万元。

（4）2017 年 2 月 16 日，乙公司宣告分派 2016 年度股利，每股分派现金股利 0.20 元。

（5）2017 年 3 月 12 日，收到乙公司分派的 2016 年度的现金股利。

（6）2018 年 1 月 4 日，公司出售所持有的全部乙公司股票，共取得价款 5 200 万元（不考虑相关税费）。

要求：根据上述资料，编制万和公司长期股权投资的有关业务的会计分录。

（“长期股权投资”科目要求写出明细科目，答案中的金额单位用万元表示）

（三）甲股份有限公司为上市公司（以下简称甲公司），有关购入、持有和出售乙公司发行的不可赎回债券的资料如下：

（1）2013 年 1 月 1 日，甲公司支付价款 1 000 万元，从证券市场购入乙公司当日发行的面值 1 000 万元、5 年期的乙公司债券。该债券票面利率 10%，到期一次还本付息，甲公司将其划分为持有至到期投资。

（2）债券到期，公司如期收到款项。

要求：编制 2013 年 1 月 1 日至 2018 年 1 月 1 日甲公司有关业务的会计分录并计算该债券投资确认的投资收益。

五、不定项选择题

（一）乙公司 2017 年 1 月 1 日购买甲公司发行的股票 1 500 万股并准备长期持有，占甲公司股份的 25%，采用权益法核算，每股买入价为 8 元，另外购买该股票时发生相关税费 40 万元，2016 年 12 月 31 日，甲公司的所有者权益的账面价值和公允价值均为 50 000 万元（各项可辨认资产、负债的公允价值与账面价值相同）。2017 年甲公司实现净利润 1 000 万元，因可供出售金融资产的公允价值增加确认其他综合收益增加 200 万元。2018 年 4 月 30 日甲公司宣告发放现金股利，每 10 股派发 0.5 元，2018 年 6 月 5 日，乙公司收到甲公司分派的现金股利。2018 年 8 月 5 日，乙公司出售所持有的甲公司的股票 1 500 万股，每股出售价格为 12 元，款项已存入银行。

要求：根据上述资料，不考虑其他因素，分析回答下列第 1 ~6 小题。

1. 乙公司取得的长期股权投资的入账价值为（　　）万元。

A. 1 500　　B. 12 000
C. 12 040　　D. 12 500

2. 2012 年 12 月 31 日确认投资收益为（　　）万元。

A. 75　　B. 250
C. 750　　D. 1 000

3. 甲公司宣告发放现金股利时，乙公司编制的会计分录涉及的会计科目为（　　）。

A. 银行存款　　B. 应收股利
C. 投资收益　　D. 长期股权投资

4. 下列各项中，能引起乙公司的长期股权投资账面价值发生变动的有（　　）。

A. 被投资单位实现净利润
B. 被投资单位宣告发放股票股利
C. 被投资单位宣告发放现金股利
D. 被投资单位除净损益外的其他所有者权益变动

5. 2017 年甲公司因可供出售金融资产的公允价值增加确认资本公积增加 200 万元，乙公司需调整长期股权投资的账面价值，分录正确的是（　　）。

A. 借：长期股权投资——损益调整——甲公司　　50
　　贷：投资收益——甲公司　　50
B. 借：长期股权投资——损益调整——甲公司　　50
　　贷：资本公积——其他资本公积——甲公司　　50
C. 借：长期股权投资——其他综合收益——甲公司　　50
　　贷：投资收益——甲公司　　50
D. 借：长期股权投资——其他综合收益——甲公司　　50
　　贷：其他综合收益——甲公司　　50

6. 2018 年 8 月，乙公司出售所持有的甲公司的股票 1 500 万股时，确认的投资收益金额为（　　）万元。

A. 5 325　　B. 5 375
C. 5 500　　D. 18 000

（二）甲公司为一家上市公司，2017 年有关经济业务如下：

（1）1 月 20 日，甲公司以银行存款购买 A 公司发行的股票 400 万股准备长期持有，实际支付价款 22 000 万元，另支付相关税费 20 万元，占 A 公司有表决权股份的 60%，能够对 A 公司施加控制。A 公司 1 月 1 日可辨认净资产账面价值与公允价值均为 40 000 万元。

（2）4 月 17 日，甲公司委托证券公司从二级市场购入 B 公司股票，并将其划分为交易性金融资产。支付价款 500 万元（其中包含宣告但尚未发放的现金股利 40 万元），另支付相关交易费用 4 万元。

（3）5 月 5 日，甲公司收到 B 公司发放的现金股利存入银行。

（4）6 月 30 日，甲公司持有 B 公司股票的公允价值为 480 万元。

（5）7 月 15 日，甲公司持有的 B 公司股票全部出售，售价 730 万元，款项存入银行，不考虑相关税费。

（6）A 公司 2017 年年末宣告发放现金股利 900 万元。

要求：根据上述资料，不考虑其他因素，分析回答下列第 1 ~ 6 小题。

1. “交易性金融资产” 账户的借方登记（　　）。

A. 交易性金融资产的取得成本

B. 资产负债表日其公允价值高于账面余额的差额；

C. 资产负债表日其公允价值低于账面余额的差额

D. 企业出售交易性金融资产时结转的成本

2. 关于长期股权投资的核算，下列说法中正确的是（　　）。

A. 对被投资单位具有重大影响的长期股权投资，应采用权益法核算

B. 对被投资单位能够实施控制的长期股权投资，应采用权益法核算

C. 采用成本法核算的长期股权投资，被投资单位实现净利润时应确认投资收益

D. 用权益法核算的长期股权投资，收到被投资单位发放的现金股利应确认为投资收益

3. 根据资料（1），下列各项中，会计处理正确的是（　　）。

A. 应确认营业外收入 1 980 万元

B. 长期股权投资初始投资成本为 22 020 万元

C. 长期股权投资初始投资成本为 22 000 万元

D. 长期股权投资初始投资成本为 24 000 万元

4. 根据资料（2）至资料（4），下列各项中，会计处理正确的是（　　）。

A. 交易性金融资产初始确认金额为 460 万元

B. 6 月 30 日交易性金融资产的账面价值为 480 万元

C. 6 月 30 日应确认交易性金融资产公允价值变动收益 20 万元

D. 5 月 5 日，收到 B 公司发放的现金股利应确认为投资收益

5. 关于 2017 年长期股权投资业务，下列各项中，会计处理正确的是（　　）。

A. 2017 年应确认投资收益 540 万元

B. 2017 年应确认资本公积 540 万元

C. 2017 年 12 月 31 日长期股权投资账面价值为 22 020 万元

D. 2017 年 12 月 31 日长期股权投资业务账面价值 24 000 万元

6. 下列各项中，会计处理正确的是（　　）。

A. 2017 年上述业务应确认投资收益 806 万元

B. 2017 年末长期股权投资账面余额为 21 480 万元

C. 2017 年上述业务影响营业利润的金额为 540 万元

D. 甲公司 2017 年因 B 公司股票获取投资收益实际为 266 万元

7 学习情境七 职工薪酬核算

内容概要

- 职工薪酬核算
  - 职工薪酬概述
    - 职工概念
    - 职工薪酬概念
    - 职工薪酬内容
  - 货币性职工薪酬的核算
    - 设置的明细账户
      - 工资
      - 职工福利
      - 社会保险费
      - 住房公积金
      - 工会经费
      - 职工教育经费
    - 核算业务内容
      - 计算分配工资
      - 计提分配五险一金
      - 计提分配工会经费
      - 计提分配职工教育经费
      - 发放工资
      - 缴纳五险一金
      - 福利支付
      - 分配福利费用
  - 非货币性职工薪酬核算
    - 设置的明细账户：非货币性福利
    - 核算业务内容
      - 以自产产品作为福利发放
      - 外购商品作为福利发放
      - 提供自有固定资产无偿使用
      - 提供租入资产无偿使用

学习内容

一、应付职工薪酬内容

（一）职工范围

职工是指与企业订立劳动合同的所有人员，含全职、兼职和临时职工；也包括虽未与企业订立劳动合同但由企业正式任命的人员，如董事会成员、监事会成员等。

（二）职工薪酬核算的内容

1. 工资

2. 养老保险：包括根据国家规定的标准向社会保险经办机构缴纳的基本养老保险费，以及根据企业年金计划向企业年金基金相关管理人缴纳的补充养老保险费。以购买商业保险形式提供给职工的各种保险待遇，也属于职工薪酬。

3. 住房公积金

4. 工会经费

5. 职工教育经费

6. 非货币性福利

7. 辞退福利

8. 股份支付

（三）职工薪酬的分类

职工薪酬包括短期薪酬、离职后福利、辞退福利和其他长期职工福利。

1. 短期薪酬

短期薪酬是指企业在职工提供相关服务的年度报告期间结束后12个月内需要全部予以支付的职工薪酬，因解除与职工的劳动关系给予的补偿除外。短期薪酬具体包括：职工工资、奖金、津贴和补贴，职工福利费，医疗保险费、工伤保险费和生育保险费等社会保险费，住房公积金，工会经费和职工教育经费，短期带薪缺勤，短期利润分享计划，非货币性福利以及其他短期薪酬。

2. 辞退福利

辞退福利是指企业在职工劳动合同到期之前解除与职工的劳动关系，或者为鼓励职工自愿接受裁减而给予职工的补偿。

3. 离职后福利

离职后福利计划是指企业与职工就离职后福利达成的协议，或者企业为向职工提供离职后福利制定的规章或办法等。

离职后福利计划分类为设定提存计划和设定受益计划。

（1）设定提存计划，是指向独立的基金缴存固定费用后，企业不再承担进一步支付义务的离职后福利计划。

（2）设定受益计划，是指除设定提存计划以外的离职后福利计划。

4. 其他长期职工福利

其他长期职工福利是指除短期薪酬、离职后福利、辞退福利之外所有的职工薪酬，包括长期带薪缺勤、长期残疾福利、长期利润分享计划等。

二、货币性职工薪酬核算

（一）应付职工薪酬的确认

（1）生产部门人员的职工薪酬，记入“生产成本”“制造费用”“劳务成本”等科目。

（2）管理部门人员的职工薪酬，记入“管理费用”科目。

（3）销售人员的职工薪酬，记入“销售费用”科目。

（4）应由在建工程、研发支出负担的职工薪酬，记入“在建工程”“研发支出”科目。

在确定应付职工薪酬和应当计入成本费用的职工薪酬金额时，企业应当区分两种情况：

（1）具有明确计提标准的货币性薪酬，企业应当按照规定的计提标准，计量企业承担的职工薪酬义务和计入成本费用的职工薪酬。

（2）没有明确计提标准的货币性薪酬，企业应当根据历史经验数据和自身实际情况，计算确定应付职工薪酬金额和应计入成本费用的薪酬金额。

（二）发放工资同时结转代扣代缴的各种款项

企业按规定计算的代扣代缴的职工个人所得税，借记“应付职工薪酬”科目，贷记“应交税费——应交个人所得税”科目；企业交纳个人所得税时，借记“应交税费——应交个人所得税”科目，贷记“银行存款”等科目。

三、非货币性职工薪酬核算

企业以其自产产品作为非货币性福利发放给职工的，应当根据受益对象，按照该产品的公允价值，计入相关资产成本或当期损益，同时确认应付职工薪酬。将企业拥有的房屋等资产无偿提供给职工使用的，应当根据受益对象，将该住房每期应计提的折旧计入相关资产成本或当期损益，同时确认应付职工薪酬。租赁住房等资产供职工无偿使用的，应当根据受益对象，将每期应付的租金计入相关资产成本或当期损益，并确认应付职工薪酬。难以认定受益对象的非货币性福利，直接计入当期损益和应付职工薪酬。

▣ 同步练习题

一、单项选择题

1. 下列项目中，不属于职工薪酬的是（　）。

A. 职工工资　　B. 职工福利费

C. 医疗保险费　　D. 职工出差报销的差旅费

2. 企业在无形资产研究阶段发生的职工薪酬，应当计入（　）。

A. 当期损益　　B. 在建工程成本

C. 无形资产成本　　D. 固定资产成本

3. 以银行存款缴纳职工医疗保险费，应借记的会计科目是（　）。

A. 管理费用　　B. 银行存款

C. 其他应收款　　D. 应付职工薪酬

4. 下列项目中，不属于职工薪酬范畴的是（　）。

A. 工会经费　　B. 业务招待费

C. 医疗保险费　　D. 辞退职工经济补偿

5. 对以经营租赁方式租入的生产线进行改良，应付企业内部改良工程人员的工资，借记的会计科目是（　　）。

A. 固定资产　　B. 在建工程

C. 长期待摊费用　　D. 应付职工薪酬

6. 下列职工薪酬中，不应当根据职工提供服务的受益对象计入成本费用的是（　　）。

A. 社会保险费　　B. 构成工资的各组成部分

C. 工会经费和职工教育经费　　D. 因解除与职工作劳务关系给予的补偿

7. 应由生产产品、提供劳务负担的职工薪酬，处理正确的是（　　）。

A. 计入管理费用　　B. 计入销售费用

C. 确认为当期费用　　D. 计入存货成本或劳务成本

8. 企业因解除与职工的劳动合同关系而给予职工补偿的职工薪酬，应借记的会计科目是（　　）。

A. 管理费用　　B. 销售费用

C. 生产成本　　D. 营业外支出

9. 企业将一批自产的产品用于职工个人福利，该批产品的成本为30万元，售价50万元，适用增值税率为17%。该事项应确认应付职工薪酬（　　）万元。

A. 30　　B. 35.1

C. 50　　D. 58.5

10. A公司为增值税一般纳税人，适用的增值税率为17%，2018年1月A公司董事会决定将本公司生产的500件产品作为福利发放给公司职工，其中公司管理人员200人。该批产品的单件成本为1.2万元，市场销售价格为每件2万元（不含增值税），不考虑其他税费，A公司2018年因该项业务应计入管理费用的金额为（　　）万元。

A. 280.8　　B. 468

C. 702　　D. 1 170

11. 企业作为福利为高管人员配备汽车，计提这些汽车折旧时，应编制的会计分录是（　　）。

A. 借记“累计折旧”科目，贷记“固定资产”科目

B. 借记“管理费用”科目，贷记“固定资产”科目

C. 借记“管理费用”科目，贷记“固定资产”科目；借记“应付职工薪酬”科目，贷记“累计折旧”科目

D. 借记“管理费用”科目，贷记“应付职工薪酬”科目；借记“应付职工薪酬”科目，贷记“累计折旧”科目

12. 某公司购买加湿器向每位职工发放作为福利，该商品每台购价200元，增值税税率17%，取得增值税专用发票，开出支票支付款项。公司共有职工500人，上述业务计入该公司应付职工薪酬的金额为（　　）元。

A. 75 000　　B. 92 000

C. 100 000　　D. 117 000

13. 企业从职工工资中扣除代垫的职工房租，应贷记的会计科目是（ ）。

A. 银行存款　　B. 其他应付款

C. 其他应收款　　D. 应付职工薪酬

14. 下列各项中，不属于职工薪酬核算内容的是（ ）。

A. 失业保险　　B. 辞退福利

C. 董事会费　　D. 职工教育经费

15. 某饮料生产企业为增值税一般纳税人，年末将本企业生产的一批饮料发放给100位职工（其中生产工人80人，管理人员20人）作为福利。该饮料市场售价为12万元（不含增值税），增值税适用税率为17%，实际成本为8万元。假定不考虑其他因素，上述业务对当期营业利润的影响额为（ ）元。

A. 7 680　　B. 11 920

C. 40 000　　D. 68 080

16. 企业代扣职工个人缴纳的五险一金，应借记的会计科目是（ ）。

A. 银行存款　　B. 其他应付款

C. 其他应收款　　D. 应付职工薪酬

17. 企业计提分配单位缴纳的五险一金，应借记的科目类型不包括（ ）。

A. 资产类　　B. 损益类

C. 成本类　　D. 所有者权益类

18. 下列各项职工薪酬中，不能在“管理费用”中列支的是（ ）。

A. 车间主任的薪酬　　B. 行政人员的薪酬

C. 财务人员的薪酬　　D. 科研人员的薪酬

19. 企业为在建工程人员支付的职工薪酬，应当计入（ ）。

A. 当期损益　　B. 在建工程

C. 无形资产　　D. 固定资产

20. 企业为监事会成员支付的职工薪酬，应当计入（ ）。

A. 管理费用　　B. 在建工程

C. 无形资产　　D. 固定资产

二、多项选择题（每题均有多个正确答案，请从每题的备选答案中选出你认为正确的答案）

1. 下列各项中，属于货币性职工薪酬的有（ ）。

A. 辞退福利

B. 为职工垫付的医疗费

C. 工会经费和职工教育经费

D. 为职工缴纳的各种社会保险和住房公积金

2. 应付职工薪酬中的非货币性福利包括（ ）。

A. 为职工购买的商业保险

B. 为职工无偿提供医疗保健服务

C. 企业以自产产品发放给职工作为福利

D. 将企业拥有的资产无偿提供给职工使用

3. 下列各项中，应纳入职工薪酬核算的有（　　）。
A. 工会经费　　B. 职工养老保险
C. 职工住房公积金　　D. 辞退职工经济补偿
4. 下列项目中，属于职工薪酬的有（　　）。
A. 职工奖金　　B. 职工福利费
C. 医疗保险费　　D. 职工出差报销的差旅费
5. 下列项目中，属于职工薪酬范畴的有（　　）。
A. 业务招待费　　B. 职工教育经费
C. 职工养老保险　　D. 职工津贴和补贴
6. 下列各项职工薪酬中，不能直接在“管理费用”中列支的有（　　）。
A. 生产人员的薪酬　　B. 行政人员的薪酬
C. 研发人员的薪酬　　D. 车间管理人员的薪酬
7. 下列各项中，属于企业应付职工薪酬核算的有（　　）。
A. 住房公积金　　B. 非货币性福利
C. 职工教育经费　　D. 企业医务人员的工资
8. 下列各项中，应作为应付职工薪酬核算的有（　　）。
A. 支付的工会经费　　B. 支付的职工教育经费
C. 为职工支付的住房公积金　　D. 为职工无偿提供的医疗保健服务
9. 下列属于企业职工的有（　　）。
A. 临时职工　　B. 全职和兼职职工
C. 劳务用工合同人员　　D. 内部审计委员会成员
10. 企业应当在职工为其提供服务的会计期间，将应付的职工薪酬确认为负债，并根据职工提供服务的受益对象，分别按下列情况处理（　　）。
A. 应由生产产品、提供劳务负担的职工薪酬，计入产品成本或劳务成本
B. 应由在建工程、无形资产开发成本负担的职工薪酬，计入建造固定资产或无形资产的开发成本
C. AB 两项之外的其他职工薪酬，计入当期损益
D. 企业应当严格按照辞退计划条款的规定，合理预计并确认辞退福利产生的应付职工薪酬，并确认管理费用
11. 关于非货币性职工薪酬，下列说法正确的有（　　）。
A. 难以认定受益对象的非货币性福利，直接计入当期损益
B. 企业租赁住房等资产供职工无偿使用的，应当根据受益对象，将每期应付的租金计入相关资产成本或当期损益，并确认应付职工薪酬
C. 企业将拥有的房屋等资产无偿提供给职工使用的，应当根据受益对象，按照该住房的公允价值计入相关资产成本或当期损益，同时确认应付职工薪酬
D. 企业以其自产产品作为非货币性福利发放给职工的，应当根据受益对象，按照产品的账面价值，计入相关资产成本或当期损益，同时确认应付职工薪酬
12. 下列关于职工薪酬计量的表述，正确的有（　　）。
A. 国家规定了计提基础和计提比例的，应当按照国家规定的标准计提

B. 对于企业应付的职工薪酬，企业应当选择恰当的折现率，以应付职工薪酬折现后的金额计入相关资产成本或当期损益

C. 租赁住房等资产供职工无偿使用的，应当根据受益对象，将每期应付的租金计入相关资产成本或当期损益，并确认应付职工薪酬

D. 企业以其自产产品作为非货币性福利发放给职工的，只将产品的公允价值，计入相关资产成本或当期损益，同时确认应付职工薪酬

13. 职工福利费，主要包括（　　）。

A. 防暑降温费　　B. 生活困难补助

C. 职工因公负伤赴外地就医路费　　D. 按照国家规定发生的其他职工福利支出

14. 下列各项中，属于企业应付职工薪酬核算的有（　　）。

A. 工资　　B. 财务人员工资

C. 非货币性福利　　D. 职工失业保险费

15. 职工薪酬中的“五险”包括（　　）。

A. 医疗保险费　　B. 养老保险费

C. 工伤保险费　　D. 生育保险费

16. 下列职工薪酬中，应当根据职工提供服务的受益对象计入成本费用的有（　　）。

A. 工会经费　　B. 社会保险费

C. 职工教育经费　　D. 因解除与职工作劳务关系给予的补偿

三、判断题

1. 工会经费和职工教育经费不属于职工薪酬的范围，不通过“应付职工薪酬”核算。（　　）

2. 企业将自产或委托加工的货物用于职工个人福利，应将货物成本以及增值税额计入“应付职工薪酬”。（　　）

3. 企业向职工食堂、职工医院、生活困难职工等支付款项，应借记“应付职工薪酬——职工福利”科目。（　　）

4. 公司员工因公负伤而赴外地就医，其中的路费应计入管理费用，在当期损益中列支。（　　）

5. 将企业拥有的房屋无偿提供给职工使用的，应当根据受益对象，将该住房每期应计提的折旧计入相关资产成本或当期损益，借记“管理费用”“生产成本”“制造费用”等科目，贷记“累计折旧”科目。（　　）

6. 企业因解除与职工的劳务关系给予的补偿不应通过“应付职工薪酬”科目核算。（　　）

7. 企业为职工缴纳的基本养老保险金、补充养老保险费，以及为职工购买的商业养老保险，均属于企业提供的职工薪酬。（　　）

8. 某企业生产多种产品，生产车间管理人员的工资应该直接计入生产成本科目核算。（　　）

9. 公司向职工发放自产产品作为福利，同时要根据相关税收规定，视同销售计算

增值税销项税额。 ( )

10. 临时工不属于职工薪酬中职工的范畴。 ( )

11. 董事会成员属于职工薪酬中职工所包含的范畴。 ( )

12. 企业以低于以成本的价格向职工出售住房属于企业给职工提供的非货币性福利。 ( )

13. 为职工学习先进技术支付的培训费应在职工薪酬中核算。 ( )

14. 生产过程中废品损失中的生产人员职工薪酬，应当在发生时确认为当期损益。 ( )

15. 由在建工程负担的职工薪酬，计入建造固定资产成本。 ( )

16. 按照《工会法》规定，工会经费按全部职工工资总额的2%计提。 ( )

17. 按照《关于企业职工教育经费提取与使用管理的意见》的通知规定，教育经费计提比例为2.5%。 ( )

18. 以自产产品发放给职工作为福利，应按生产产品的成本记入“应付职工薪酬”。 ( )

19. 以自产产品发放给职工作为福利，应按产品的公允价值确认收入。 ( )

20. 企业无偿提供自有资产给职工使用，应将相关支出直接计入当期损益。( )

四、综合训练题

A公司2018年8月发生的部分经济业务如下（分录金额单位：万元）：

1. 4日，通过银行转账发放工资，实发工资25.5万元，代扣职工个人承担的基本养老保险金1.6万元（按上年月平均工资的8%计算）、基本医疗保险金0.4万元（按上年月平均工资的2%计算）、住房公积金2万元（按上年月平均工资的10%计算），代扣个人所得税0.5万元。

2. 10日，通过转账方式交纳基本养老保险金4万元（企业部分2.4万元，个人部分1.6万元），基本医疗保险金1.6万元（企业部分1.2万元，个人部分0.4万元），住房公积金4万元（企业部分2万元，个人部分2万元），交纳个人所得税0.5万元。

3. 12日，张三等5人报销会计人员继续教育费用600元，以现金付讫。

4. 20日，工会开展活动报销活动费用4万元，原预借款4.5万元，余款收回。

5. 25日，办公室王某报销因公负伤外地就医的路费0.3万元，以现金付讫。

6. 31日，计算分配应付职工工资总额为30万元，其中：生产工人8万元，车间管理人员4万元，行政管理人员9万元，销售人员5万元，在建工程人员4万元。

7. 31日，按当月应付职工工资总额的2%和2.5%分别计提工会经费和职工教育经费。

8. 31日，按上年月平均工资20万元计提基本养老保险，计提比例12%。其中：生产工人工资6万元，车间管理人员工资2万元，行政管理人员工资7万元，销售人员工资3万元，在建工程人员工资2万元。

9. 31日，按上年月平均工资计提基本医疗保险，计提比例9%。

10. 31日，按上年月平均工资住房公积金，计提比例10%。

11. 31日分配本月实际发生的职工福利费。

要求：根据上述经济业务编制会计分录。

五、不定项选择题

（一）A 公司 2018 年 8 ~ 9 月发生的部分经济业务如下：

（1）8 月 31 日，计算分配本月应付职工工资，总额 45 万元，其中：生产工人 12 万元，车间管理人员 6 万元，行政管理人员 11 万元，销售人员 9 万元，在建工程人员 7 万元。

（2）8 月 31 日，按上年度月平均工资总额的 8% 计提 9 月份基本医疗保险，0.7% 计提生育保险，2% 计提失业保险，12% 计提基本养老保险，1% 计提工伤保险，8% 计提住房公积金，2% 计提工会经费和 1.5% 计提职工教育经费。上年度月平均工资总额 40 万元，其中生产工人 12 万元，车间管理人员 4 万元，行政管理人员 10 万元，销售人员 9 万元，在建工程人员 5 万元。

（3）9 月 8 日，通过银行转账向职工实际发放工资 372 200 元。代扣代缴职工个人承担的基本养老保险金 32 000 元、基本医疗保险金 8 000 元、失业保险 800 元、住房公积金 32 000 元，代扣个人所得税 5 000 元。

（4）9 月 10 日，通过转账方式向社会保险管理处和住房金管理处交纳五险一金；向税务部门代缴个人所得税。

（5）9 月 18 日，申请报销会计人员继续教育费用 1 000 元，以现金付讫。

（6）9 月 25 日，工会组织秋季职工运动会，购买运动会用品以银行存款支付 8 万元。

要求：根据以上资料，不考虑其他因素的影响，分析完成下列 1 ~ 6 题。

1. 2018 年 9 月 A 公司计提的五险一金的总额是（　　）元。

A. 80 000　　B. 102 137.4

C. 126 800　　D. 142 650

2. 发放工资业务处理的会计分录正确的有（　　）。

A. 借：应付职工薪酬——工资　372 200
　　贷：银行存款　372 200

B. 借：应付职工薪酬——工资　5 000
　　贷：应交税费——应交个人所得税　5 000

C. 借：应付职工薪酬——工资　450 000
　　贷：银行存款　372 200
　　　　其他应付款——应付个人五险一金　72 800
　　　　应交税费——应交个人所得税　5 000

D. 借：应付职工薪酬——工资　450 000
　　贷：银行存款　450 000

3. 计提住房公积金业务处理的会计分录正确的是（　　）。

A. 借：生产成本——基本生产成本　9 600
　　制造费用　3 200
　　管理费用　8 000

销售费用 7 200

在建工程 4 000

贷：应付职工薪酬——住房公积金 32 000

B. 借：应付职工薪酬——住房公积金 32 000

贷：生产成本——基本生产成本 9 600

制造费用 3 200

管理费用 8 000

销售费用 7 200

在建工程 4 000

C. 借：生产成本——基本生产成本 9 600

制造费用 3 200

管理费用 8 000

销售费用 7 200

在建工程 4 000

贷：应付职工薪酬——工资 32 000

D. 借：应付职工薪酬——工资 32 000

贷：生产成本——基本生产成本 9 600

制造费用 3 200

管理费用 8 000

销售费用 7 200

在建工程 4 000

4. 资料5中业务处理的会计分录正确的有（ ）。

A. 借：应交税费——应交个人所得税 5 000

贷：银行存款 5 000

B. 借：应付职工薪酬——社会保险费 94 800

贷：银行存款 94 800

C. 借：应付职工薪酬——住房公积金 32 000

贷：银行存款 32 000

D. 借：其他应付款——应付个人五险一金 72 800

贷：银行存款 72 800

5. 资料6和资料7中业务处理的分录正确的是（ ）。

A. 借：应付职工薪酬——职工教育经费 1 000

贷：库存现金 1 000

B. 借：应付职工薪酬——职工教育经费 1 000

贷：银行存款 1 000

C. 借：应付职工薪酬——工会经费 80 000

贷：银行存款 80 000

D. 借：其他应收款——工会经费 80 000

贷：库存现金 80 000

6. 9月份实际发放的372 200元工资在现金流量表中应列示的项目有（　　）。

A. 投资支付的现金

B. 支付给职工及为职工支付的现

C. 购买商品、接受劳务支付的现金

D. 购建固定资产、无形资产和其他长期资产支付的现金

（二）X公司有职工300人，其中生产工人160人，车间管理人员40人，行政管理人员100人。2017年12月，X公司发生的部分经济业务如下：

（1）4日，车间生产工人于威报销因公负伤外地就医的路费2 630元，以现金付讫。

（2）20日，公司董事会决定将自产的电风扇作为福利，每人发放一台。电风扇市价每台200元，适用增值税税率为17%，每台电风扇成本位150元。28日将电风扇发放到职工。

（3）31日，公司对为三位高管配备的三台轿车计提折旧，每台轿车计提折旧2 500元。

（4）31日公司确认无偿提供给生产工人居住的租入的三套住房本月应付租金6 900元。

（5）31日X公司对本月归集的职工福利和非货币性职工福利按受益对象进行分配。

要求：根据以上资料，不考虑其他因素的影响，分析完成下列1~6题。

1. 非货币性福利的形式有（　　）。

A. 租赁住房提供职工无偿使用　　B. 购买商品发放给职工作为福利

C. 将拥有的房屋提供职工无偿使用　　D. 以生产的产品发放给职工作为福利

2. 根据资料（2）（3）（4），X公司应确认的非货币性职工薪酬的金额是（　　）元。

A. 49 500　　B. 59 400

C. 79 600　　D. 84 600

3. 资料（1）中的业务处理的会计分录正确的是（　　）。

A. 借：应付职工薪酬——工资　　2 630

　　贷：库存现金　　2 630

B. 借：应付职工薪酬——职工福利　　2 630

　　贷：库存现金　　2 630

C. 借：生产成本——基本生产成本　　2 630

　　贷：库存现金　　2 630

D. 借：管理费用　　2 630

　　贷：库存现金　　2 630

4. 资料（2）中业务处理的会计分录正确的有（　　）。

A. 借：应付职工薪酬——非货币性福利　　70 200

　　贷：主营业务收入　　60 000

　　　　应交税费——应交增值税（销项税额）　　10 200

B. 借：应付职工薪酬——非货币性福利　　52 650

贷：主营业务收入　　45 000

　　应交税费——应交增值税（销项税额）　　7 650

C. 借：主营业成本——电风扇　　45 000

　　贷：库存商品——电风扇　　45 000

D. 借：主营业成本——电风扇　　60 000

　　贷：库存商品——电风扇　　60 000

5. 资料（5）中业务处理的会计分录正确的是（　　）。

A. 借：生产成本——基本生产成本　　2 630

　　贷：应付职工薪酬——职工福利　　2 630

B. 借：管理费用　　14 400

　　贷：应付职工薪酬——非货币性福利　　14 400

C. 借：生产成本——基本生产成本　　37 440

　　制造费用　　9 360

　　管理费用　　23 400

　　贷：应付职工薪酬——非货币性福利　　70 200

D. 借：管理费用　　7 500

　　生产成本——基本生产成本　　6 900

　　贷：应付职工薪酬——非货币性福利　　14 400

6. 根据上述资料，对X公司12月份营业利润的影响额为（　　）元。

A. 减少15 900　　B. 减少23 400

C. 减少75 900　　D. 减少90 300

8 学习情境八 税费核算

内容概要

- 税费核算
  - 应交税费的核算
    - 增值税的核算
      - 一般纳税企业的账务处理
      - 小规模纳税企业的账务处理
    - 消费税的核算
    - 其他小税种的核算
      - 应交城市维护建设税
      - 应交教育费附加
      - 应交资源税
      - 应交土地增值税
      - 应交房产税、土地使用税、车船使用税和矿产资源补偿费
      - 应交印花税、耕地占用税和车辆购置税
  - 所得税的核算
    - 账户设置
      - 所得税费用
      - 递延所得税资产
      - 递延所得税负债
    - 所得税费用的核算
      - 确定资产和负债的账面价值
      - 确定资产和负债的计税基础
      - 根据账面价值和计税基础的差额确定递延所得税资产或递延所得税负债
      - 根据税法规定计算应交所得税
      - 计算所得税费用
    - 所得税费用的核算
  - 期间费用的核算
    - 管理费用的核算
    - 销售费用的核算
    - 财务费用的核算

学习内容

一、应交税费的核算

（一）应交增值税的核算

为了核算企业应交增值税的发生、抵扣、交纳、退税及转出等情况，应在“应交税费”科目下设置“应交增值税”明细科目，并在“应交增值税”明细账内设置“进项税额”“已交税金”“销项税额”“出口退税”“进项税额转出”等专栏。

1. 一般纳税人应纳增值税的核算

当期应纳增值税 = 当期销项税额 - 当期准予抵扣的进项税额

(1) 当期销项税额 = 当期销售额 × 适用税率

(2) 当期进项税额:

①当期准予抵扣的进项税:一是凭票抵扣,凭纳税人取得符合规定的增值税专用发票和海关完税凭证抵扣;二是计算抵扣,纳税人购进免税农产品、收购废旧物资、支付运输费用等可以按收购金额或普通运输发票金额的一定比例计算作为进项税额。

②进项税额转出:企业购进的货物发生非常损失,以及将购进货物改变用途(如用于非应税项目、集体福利或个人消费等),其相应的增值税进项税额不得用于抵扣,需进项税额转出。

③当期进项税额不得抵扣,按照增值税暂行条例及其实施细则的规定,企业购进非生产经营用固定资产、用于非应税项目的购进货物或者应税劳务等按规定不予抵扣增值税进项税额。以及纳税人取得不符合税法规定的发票。

2. 小规模纳税人的会计处理

小规模纳税企业购入货物无论是否具有增值税专用发票,其支付的增值税额均不计入进项税额,应计入购入货物的成本。相应地,其他企业从小规模纳税企业购入货物或接受劳务支付的增值税额,如果不能取得经税务部门认可的发票,也不能作为进项税额抵扣,而应计入购入货物或应税劳务的成本。

应纳增值税额 = 含税销售额 ÷ (1 + 征收率) × 征收率

小规模纳税企业"应交税费——应交增值税"科目,应采用三栏式账户,而不设置专栏进行核算。

(二) 应交消费税核算

企业应在"应交税费"科目下设置"应交消费税"明细科目,核算应交消费税的发生、交纳情况。

1. 销售应税消费品

企业销售应税消费品应交的消费税,应借记"税金及附加"科目,贷记"应交税费——应交消费税"科目。

2. 自产自用应税消费品

企业将生产的应税消费品用于在建工程等非生产机构时,按规定应交纳的消费税,借记"在建工程"等科目,贷记"应交税费——应交消费税"科目。

3. 委托加工应税消费品

企业如有应交消费税的委托加工物资,一般应由受托方代收代缴税款,受托加工或翻新改制金银首饰按照规定由受托方交纳消费税。

委托加工物资收回后,直接用于销售的,应将受托方代收代缴的消费税计入委托加工物资的成本;委托加工物资收回后用于连续生产的,按规定准予抵扣的,应按已由受托方代收代缴的消费税,借记"应交税费——应交消费税"。

（三）其他小税费种的核算

1. 应交城市维护建设税

城市维护建设税是以增值税、消费税为计税依据征收的一种税。其纳税人为交纳增值税、消费税、营业税的单位和个人，税率因纳税人所在地不同从1% ~7%不等。公式为：

应纳税额 =（应交增值税 + 应交消费税 + 应交营业税）×适用税率

企业应交的城市维护建设税，借记“营业税金及附加”等科目，贷记“应交税费——应交城市维护建设税”科目。

2. 应交教育费附加

教育费附加是为了发展教育事业而向企业征收的附加费用，企业按应交流转税的一定比例计算交纳。

应纳税额 =（应交增值税 + 应交消费税 + 应交营业税）×适用税率

企业应交的教育费附加，借记“营业税金及附加”等科目，贷记“应交税费——应交教育费附加”科目。

3. 应交资源税

资源税是对在我国境内开采矿产品或者生产盐的单位和个人征收的税。资源税按照应税产品的课税数量和规定的单位税额计算。开采或生产应税产品对外销售的，以销售数量为课税数量；开采或生产应税产品自用的，以自用数量为课税数量。

（1）对外销售应税产品应交纳的资源税应记入“税金及附加”科目，借记“税金及附加”科目，贷记“应交税费——应交资源税”科目.

（2）自产自用应税产品应交纳的资源税应记入“生产成本”“制造费用”等科目，借记“生产成本”“制造费用”等科目，贷记“应交税费——应交资源税”科目。

（3）纳税人收购未税矿产品代扣代缴的资源税应计入采购矿产品的成本，借记“材料采购”等科目，贷记“应交税费——应交资源税”科目。

4. 应交土地增值税

企业应交的土地增值税视情况记入不同科目

（1）企业转让的土地使用权连同地上建筑物及其附着物一并在“固定资产”等科目核算的，转让时应交的土地增值税，借记“固定资产清理”科目，贷记“应交税费——应交土地增值税”科目。

（2）土地使用权在“无形资产”科目核算的，按实际收到的金额，借记“银行存款”科目，按应交的土地增值税，贷记“应交税费——应交土地增值税”科目，同时冲销土地使用权的账面价值，贷记“无形资产”科目，按其差额，借记“营业外支出”科目或贷记“营业外收入”科目。

5. 应交房产税、土地使用税、车船使用税和矿产资源补偿费

企业应交的房产税、土地使用税、车船税、矿产资源补偿费，记入“管理费用”科目，借记“管理费用”科目，贷记“应交税费——应交房产税（或应交土地使用税、应交车船税、应交矿产资源补偿费）”科目。

二、所得税核算

（一）应交所得税的核算

应纳税额 = 应纳税所得额 × 适用税率 – 减免税额 – 抵免税额

应纳税所得额 = 收入总额 – 不征税收入 – 免税收入 – 各项扣除 – 以前年度亏损（直接计算法）

应纳税所得额 = 会计利润总额 ± 纳税调整项目金额（间接计算法）

（二）所得税费用的核算

所得税的核算方法：我国所得税的核算采用了资产负债表债务法。

1. 按企业会计准则规定确认的资产、负债的账面价值金额

2. 按税法规定确定资产、负债的计税基础

3. 计算暂时性差异

暂时性差异是指资产、负债的账面价值与其计税基础不同产生的差额。根据暂时性差异对未来期间应纳税所得额的影响，分为应纳税暂时性差异和可抵扣暂时性差异。

（1）应纳税暂时性差异：①资产的账面价值大于其计税基础时，产生应纳税暂时性差异；②负债的账面价值小于其计税基础时，产生应纳税暂时性差异。

（2）可抵扣暂时性差异：①资产的账面价值小于其计税基础时，产生可抵扣暂时性差异；②负债的账面价值大于其计税基础时，产生可抵扣暂时性差异。

4. 递延所得税负债及递延所得税资产的确认和计量

（1）递延所得税负债的确认和计量：①确认递延所得税负债的一般原则：除所得税准则中明确规定可不确认递延所得税负债的情况以外，企业对于所有的应纳税暂时性差异均应确认相关的递延所得税负债。②递延所得税负债的计量：所得税准则规定，资产负债表日，对于递延所得税负债，应当根据适用税法规定，按照预期收回该资产或清偿该负债期间的适用税率计量。

（2）递延所得税资产的确认和计量：①确认递延所得税资产的一般原则是：企业有明确的证据表明其于可抵扣暂时性差异转回的未来期间能够产生足够的应纳税所得额，进而利用可抵扣暂时性差异的，则应以可能取得的应纳税所得额为限，确认相关的递延所得税资产。②递延所得税负债的计量：确认递延所得税资产时，应当以预期收回该资产期间的适用所得税税率为基础计算确定。

三、期间费用核算

（一）费用特点和确认条件

1. 费用是企业在日常活动中形成的

2. 费用会导致所有者权益的减少

3. 费用是与向所有者分配利润无关的经济利益的总流出

费用的确认除了应当符合定义之外，还应严格的满足至少以下条件：

（1）与费用相关的经济利益应当很可能流出企业；

（2）经济利益流出企业的结果会导致资产的减少或者负债的增加；

（3）经济利益的流出额能够可靠计量。

（二）期间费用的核算

1. 管理费用内容及其核算
2. 销售费用内容及其核算
3. 财务费用内容及其核算

同步练习题

一、单项选择题

1. 企业建造办公大楼领用生产用原材料时，应借记的科目是（　　）。

A. 管理费用　　B. 生产成本
C. 在建工程　　D. 其他业务成本

2. 企业购进货物用于不动产工程项目时，该货物负担的增值税额应当计入（　　）。

A. 工程物资　　B. 营业外支出
C. 管理费用　　D. 应交税费——应交增值税

3. 委托加工的应税消费品材料收回后用于连续生产应税消费品的，由受托方代收代交的消费税，委托方应借记的会计科目是（　　）。

A. 在途物资　　B. 委托加工物资
C. 税金及附加　　D. 应交税费——应交消费税

4. 企业销售应税矿产品应交资源税，应计入（　　）。

A. 制造费用　　B. 生产成本
C. 主营业务成本　　D. 税金及附加

5. 按规定计算代扣代交职工个人所得税，应贷记的会计科目是（　　）。

A. 应交税费　　B. 其他应付款
C. 银行存款　　D. 应付职工薪酬

6. 委托加工的应税消费品材料收回后直接用于销售的商品，由受托方代收代交的消费税，委托方应借记的会计科目是（　　）。

A. 在途物资　　B. 委托加工物资
C. 税金及附加　　D. 应交税费——应交消费税

7. 我国企业所得税会计的核算方法是（　　）。

A. 递延法　　B. 纳税影响会计法
C. 应付税款法　　D. 资产负债表债务法

8. 下列项目中，产生可抵扣暂时性差异的是（　　）。

A. 固定资产会计折旧小于税法折旧
B. 税法折旧大于会计折旧形成的差额部分
C. 对固定资产，企业根据期末公允价值大于账面价值的部分进行了调整

D. 对无形资产，企业根据期末可收回金额小于账面价值计提减值准备的部分

9. 下列负债项目中，其账面价值与计税基础会产生差异的是（　　）。

A. 短期借款　　B. 应付票据

C. 应付账款　　D. 预计负债

10. 某小规模纳税企业月初欠交增值税 1 000 元，本月购进材料成本为 10 000 元，支付的增值税为 1 700 元，产品含税销售收入为 1 060 000 元，增值税征收率为 3%，则企业本月月末应交增值税账户的余额为（　　）。

A. 29 173.79 元　　B. 30 173.79 元

C. 30 873.79 元　　D. 31 873.79 元

11. A 企业为增值税一般纳税人，2017 年应交的各种税金为：增值税 300 万元，消费税 200 万元，城市维护建设税 35 万元，房产税 10 万元，车船使用税 5 万元，企业所得税 150 万元。上述各项税金中应计入管理费用的金额为（　　）万元。

A. 5　　B. 10

C. 15　　D. 400

12. A 公司为一般纳税人，月初应交税费——未交增值税明细账有贷方余额 10 万元。当月购进存货增值税进项税 20 万元，销售商品增值税销项税 40 万元，因存货非正常损失不予抵扣的增值税 3 万元，当月交纳前期增值税 5 万元。月末，应交税费——未交增值税明细账余额为（　　）万元。

A. 13　　B. 20

C. 28　　D. 38

13. 企业（一般纳税人）收购一批免税农产品，收购价 26 万元，运杂费 4 万元。税法规定按收购价的 13% 计算增值税进项税额。该批农产品的采购成本为（　　）万元。

A. 22.62　　B. 26

C. 26.62　　D. 30

14. 资产负债表日，企业的某项固定资产账面价值为 1 000 万元，计税基础为 800 万元，两者之间的差额形成（　　）。

A. 应纳税暂时性差异 200 万元

B. 可抵扣暂时性差异 200 万元

C. 应纳税暂时性差异 1 800 万元

D. 可抵扣暂时性差异 1 800 万元

15. 甲公司 2017 年度因无标的物的亏损合同计提了“预计负债”，金额为 113 万元，假设此事项计提的预计负债在相关产品生产完成后可以抵扣，2017 年期初递延所得税资产的余额为 50 万元（均为预计负债产生），所得税税率为 25%。假定除此事项外再无其他纳税调整事项，则 2017 年 12 月 31 日递延所得税资产的余额为（　　）。

A. 贷方 21.75 万元　　B. 借方 25 万元

C. 借方 28.25 万元　　D. 借方 78.25 万元

16. 某企业对外转让一栋厂房，根据税法规定计算的应交土地增值税，应借记的会计科目是（　　）。

A. 销售费用　　B. 管理费用

C. 税金及附加　　D. 固定资产清理

17. 企业当月交纳上月欠交的增值税，应该通过（　　）科目核算。

A. 应交税费——应交增值税（已交税金）

B. 应交税费——未交增值税

C. 应交税费——应交增值税（销项税额）

D. 应交税费——应交增值税（进项税额）

18. 企业交纳当月的增值税时，应借记的科目是（　　）。

A. 银行存款　　B. 管理费用

C. 税金及附加　　D. 应交税费——应交增值税（已交税金）

19. 小规模纳税企业购入原材料取得的增值税专用发票上注明货款 40 000 元，增值税 6 800 元，在购入材料的过程中销售方代垫运杂费 600 元，发生采购人员差旅费 500 元。则该企业原材料的入账价值为（　　）元。

A. 40 000　　B. 40 600

C. 47 400　　D. 47 900

20. 甲、乙公司均为增值税一般纳税人，甲公司委托乙公司加工一批应交消费税的半成品，收回后用于连续生产应税消费品。甲公司发出原材料实际成本 210 万元，支付加工费 6 万元、增值税 1.02 万元、消费税 24 万元。假定不考虑其他相关税费，甲公司收回该半成品的入账价值为（　　）万元。

A. 216　　B. 217.02

C. 240　　D. 241.02

21. 某增值税一般纳税企业因管理不善失火毁损库存材料一批，该批原材料实际成本为 20 000 元，收回残料价值 800 元，保险公司赔偿 11 600 元。该企业购入材料的增值税税率为 17%，该批毁损原材料造成的非常损失净额是（　　）元。

A. 7 600　　B. 8 400

C. 11 000　　D. 18 800

22. 某工业企业 2018 年 3 月份发生的费用有：发生生产车间管理人员工资 80 万元，发生行政管理部门人员工资 60 万元，支付广告费用 40 万元，计提短期借款利息 40 万元，支付固定资产维修费 30 万元。则该企业当期的期间费用总额为（　　）万元。

A. 100　　B. 140

C. 170　　D. 250

23. 甲企业 2018 年 3 月份发生的费用有：计提车间管理人员工资费用 50 万元，发生管理部门人员工资 30 万元，支付广告宣传费用 40 万元，筹集外币资金发生汇兑损失 10 万元，支付固定资产维修费用 15 万元。则该企业当期的期间费用总额为（　　）万元。

A. 95　　B. 130

C. 140　　D. 145

24. 下列各项中，不属于期间费用的是（　　）。

A. 汇兑损益　　B. 预计产品质量保证损失

C. 因违约支付的赔偿款　　D. 管理部门固定资产维修费

25. 下列各项中，应计入管理费用的是（　　）。

A. 广告费　　B. 公益性捐赠支出

C. 固定资产处置净收益　　D. 筹建期间内发生的开办费

26. 某企业某月销售商品发生商业折扣40万元、现金折扣30万元、销售折让50万元。该企业上述业务计入当月财务费用的金额为（　　）万元。

A. 30　　B. 40

C. 70　　D. 90

27. 下列各项中，不应计入财务费用的是（　　）。

A. 长期借款在筹建期间的利息

B. 带息应付票据的应计利息

C. 带息应收票据的应计利息

D. 不符合资本化条件的生产经营期间长期借款利息支出

28. 乙企业为增值税一般纳税人，2017年实际应交纳税金情况如下：增值税1 500万元，契税80万元，资源税1万元，印花税1.5万元，所得税200万元。上述各项税金应记入“应交税费”科目贷方的金额是（　　）万元。

A. 1 500　　B. 1 700

C. 1 701　　D. 1 782.5

29. 某企业本期实际应上交增值税200 000元，消费税300 000元，土地增值税100 000元。该企业适用的城市维护建设税税率为7%，则该企业应交的城市维护建设税为（　　）元。

A. 21 000　　B. 35 000

C. 28 000　　D. 42 000

二、多项选择题

1. 下列税金中，应计入存货成本的有（　　）。

A. 进口原材料交纳的进口关税

B. 小规模纳税企业购买材料交纳和增值税

C. 由受托方代收代交的委托加工直接用于对外销售的商品负担的消费税

D. 由受托方代收代交的委托加工直接继续用于生产应纳消费税的商品负担的消费税

2. 下列税金中，应计入企业固定资产价值的有（　　）。

A. 房产税　　B. 耕地占用税

C. 车辆购置税　　D. 购入非生产经营用固定资产交纳的增值税

3. 下列各项税金，一般不通过“应交税费”科目核算的有（　　）。

A. 印花税　　B. 契税

C. 房产税　　D. 车辆购置税

4. 企业下列（　　）行为属于增值税的视同销售行为。

A. 将货物对外捐赠　　B. 销售代销货物

C. 委托他人保管货物 D. 将货物对外投资

5. 下列税金可能影响资产成本的有（ ）。

A. 印花税 B. 增值税

C. 消费税 D. 车船使用税

6. 企业按规定交纳增值税的项目有（ ）。

A. 销售商品取得的收入 B. 提供运输劳务

C. 出租无形资产取得收入 D. 销售不动产取得的收入

7. 下列税费中，应计入“管理费用”科目的有（ ）。

A. 房产税 B. 车船使用税

C. 土地使用税 D. 矿产资源补偿费

8. 企业按规定交纳消费税的项目有（ ）。

A. 销售消费品取得的收入 B. 提供运输劳务

C. 出租无形资产取得收入 D. 委托加工属于消费的物资

9. 下列税金中，可能计入“税金及附加”科目的有（ ）。

A. 土地增值税 B. 增值税

C. 消费税、资源税 D. 城市维护建设税、教育费附加

10. 对小规模纳税企业，下列说法正确的有（ ）。

A. 小规模纳税企业的销售额不包括其应纳增值税额

B. 小规模纳税企业销售货物或者提供应税劳务，实行简易办法计算应纳税额，按照销售额的一定比例计算征收

C. 小规模纳税企业销售货物或者提供应税劳务，一般情况下，只能开具普通发票，不能开具增值税专用发票

D. 小规模纳税企业购入货物取得增值税专用发票，其支付的增值税额可计入进项税额，并由销项税额抵扣，而不计入购入货物的成本

11. 下列各种情形中，会产生可抵扣暂时性差异的有（ ）。

A. 资产的账面价值大于其计税基础 B. 资产的账面价值小于其计税基础

C. 负债的账面价值大于其计税基础 D. 负债的账面价值小于其计税基础

12. 下列各事项中，计税基础等于账面价值的有（ ）。

A. 支付的各项赞助费 B. 购买国债确认的利息收入

C. 支付的违反税收规定的罚款 D. 支付的工资超过计税工资的部分

13. 不考虑其他因素，下列各项目产生可抵扣暂时性差异的有（ ）。

A. 因产品质量保证确认预计负债

B. 对持有至到期投资计提减值准备

C. 本期购入的可供出售金融资产在期末公允价值下降

D. 本期发生净亏损，按税法规定可于未来 5 年内税前补亏

14. 按现行会计准则规定，“递延所得税负债”科目贷方登记的内容有（ ）。

A. 资产的账面价值大于计税基础产生的暂时性差异影响所得税费用的金额

B. 资产的账面价值小于计税基础产生的暂时性差异影响所得税费用的金额

C. 负债的账面价值大于计税基础产生的暂时性差异影响所得税费用的金额

D. 负债的账面价值小于计税基础产生的暂时性差异影响所得税费用的金额

15. 采用资产负债表债务法核算所得税的情况下，影响当期所得税费用的因素有（　　）。

A. 本期应交的所得税

B. 本期发生的暂时性差异所产生的递延所得税负债

C. 本期转回的暂时性差异所产生的递延所得税资产

D. 本期发生的暂时性差异所产生的递延所得税资产

16. 企业不记入“管理费用”的税金有（　　）。

A. 房产税　　B. 印花税

C. 土地增值税　　D. 耕地占用税

17. 企业交纳的下列税费中，应通过“应交税费”科目核算的有（　　）。

A. 车船使用税　　B. 印花税

C. 耕地占用税　　D. 矿产资源补偿费

18. 企业自产自用的应税矿产品应交资源税，应计入（　　）。

A. 制造费用　　B. 生产成本

C. 税金及附加　　D. 主营业务成本

19. 下列各项中，需要按照增值税、消费税税额的一定比例计算的税金有（　　）。

A. 资源税　　B. 土地增值税

C. 教育费附加　　D. 城市维护建设税

20. 下列各项费用，最终计入管理费用科目的有（　　）。

A. 诉讼费　　B. 无形资产开发的研究费用

C. 业务招待费　　D. 日常经营活动聘请中介机构费

21. 一般纳税企业发生的下列经济业务需要计算增值税销项税额的有（　　）。

A. 以自产产品对外投资　　B. 将自产产品用于集体福利设施建设

C. 将自产产品用于对外捐赠　　D. 外购原材料由于管理不善被盗

22. 下列各项税金中，通常影响企业损益的有（　　）。

A. 增值税　　B. 印花税

C. 房产税　　D. 城市维护建设税

23. 下列各项，增值税一般纳税人计算增值税销项的有（　　）。

A. 自制产成品用于职工福利

B. 自制产成品用于对外投资

C. 外购的生产用原材料改用于自建厂房

D. 外购的生产用原材料发生非正常损失（管理不善导致）

24. 下列各项，可以计入利润表“税金及附加”项目的有（　　）。

A. 增值税　　B. 城市维护建设税

C. 教育费附加　　D. 矿产资源补偿费

25. 长期借款所发生的利息支出，可能借记的科目有（　　）。

A. 销售费用　　B. 财务费用

C. 在建工程　　D. 管理费用

26. 下列各项职工薪酬中，不能直接在“管理费用”中列支的有（　　）。

A. 生产人员的薪酬　　B. 行政人员的薪酬

C. 车间管理人员的薪酬　　D. 研发人员的薪酬

27. 下列各项中，不应计入管理费用的有（　　）。

A. 计提坏账准备　　B. 生产车间管理人员的工资

C. 摊销管理部门用无形资产　　D. 支付离退休人员工资

28. 下列各项费用，应计入销售费用的有（　　）。

A. 广告费　　B. 展览费

C. 业务招待费　　D. 费用化的利息支出

29. 下列各项中，属于企业销售费用核算范围的有（　　）。

A. 广告费　　B. 行政管理部门业务招待费

C. 预计产品质量保证费　　D. 专设销售机构发生的固定资产修理费

30. 下列各项中，属于期间费用的有（　　）。

A. 董事会会费　　B. 季节性停工损失

C. 销售人员工资　　D. 管理部门的劳动保险费

31. 下列各项中，属于费用核算范围的有（　　）。

A. 销售商品结转的商品成本　　B. 因违约支付的赔偿款

C. 出租固定资产计提的折旧费　　D. 出售固定资产产生的净损失

三、判断题

1. 增值税是与企业损益无直接关系的税金。（　　）

2. 购入固定资产所支付的增值税额，应单独在“应交税费——应交增值税（进项税额）”科目中反映。（　　）

3. 企业用应税消费品对外投资，按规定缴纳的消费税，应计入“税金及附加”科目。（　　）

4. 企业只有在对外销售消费税应税产品时才应交消费税。（　　）

5. 委托加工的应税消费品材料收回后用于连续生产应税消费品的，由受托方代收代交的消费税应计入“应交税费”科目。（　　）

6. 企业应缴纳的车船税应入购置车辆的成本。（　　）

7. 企业销售不动产时所计算的应交增值税应计入“固定资产清理”科目。（　　）

8. 购进货物发生非常损失后其承担的进项税额可以抵扣。（　　）

9. 小规模纳税企业销售货物或者提供应税劳务，一般情况下，只能开具普通发票，不能开具增值税专用发票。（　　）

10. 委托加工的应税消费品材料收回后用于连续生产应税消费品的，由受托方代收代交的消费税应计入存货的成本。（　　）

11. 企业将自产的货物对外投资，应借记“长期股权投资”科目，贷记“库存商品”“应交税费——应交增值税（进项税额转出）”等科目。（　　）

12. 企业应交的各种税金，都通过“应交税费”科目核算。（　　）

13. 企业在折扣期内付款享受的现金折扣应增加当期的财务费用。（　　）

14. 工业企业出售产品应交的增值税销项税额，应计入营业成本。（　）

15. 企业出售投资性房地产应交的印花税，应列入利润表的税金及附加项目。（　）

16. 企业向银行或其他金融机构借入的各种款项所发生的利息均应计入财务费用。（　）

17. 现金折扣和销售折让，均应在实际发生时计入当期财务费用。（　）

18. 公司向职工发放自产产品作为福利，同时要根据相关税收规定，视同销售计算增值税销项税额。（　）

19. 销售无形资产和出租无形资产应交纳的增值税均计入“税金及附加”。（　）

20. 资产的账面价值大于资产的计税基础产生的暂时性差异是应纳税暂时性差异。（　）

四、综合训练题

（一）甲公司委托乙公司加工用于连续生产的应税消费品。甲、乙两公司均为增值税一般纳税人，适用的增值税税率为17%，适用的消费税税率为5%。甲公司对材料采用计划成本核算。有关资料如下：

1. 甲公司发出材料一批，计划成本为90 000元，材料成本差异率为2%。

2. 按合同规定，甲公司用银行存款支付乙公司加工费用8 200元（不含增值税），以及相应的增值税和消费税。

3. 甲公司用银行存款支付往返运杂费600元（不考虑增值税进项税额）。

4. 甲公司委托乙公司加工完成后的材料计划成本为80 000元，该批材料已验收入库。

要求：

（1）计算甲公司应支付的增值税和消费税；

（2）编制甲公司委托加工材料发出、支付有关税费和入库有关的会计分录。

（二）A公司2017年度利润表中利润总额为3 000万元，该公司适用的所得税税率为25%。递延所得税资产及递延所得税负债不存在期初余额。2017年发生的有关交易和事项中，会计处理与税收处理存在的差异有：

1. 2017年1月开始计提折旧的一项固定资产，成本为1 500万元，使用年限为10年，净残值为0，会计处理按直线法计提折旧，税收按双倍余额递减法计提折旧。假定税法规定的使用年限及净残值与会计规定相同。

2. 向关联企业捐赠现金500万元。假定按照税法规定，企业向关联方的捐赠不允许税前扣除。

3. 取得国债利息收入200万元。按照税法规定，国债利息收入不计入应税所得。

要求：

（1）计算全年应纳税所得额、全年应交所得税、应纳税暂时性差异、递延所得税负债、全年所得税费用、全年净利润。

（2）编制与所得税相关的会计分录。

五、不定项选择题

（一）长江公司2017年度利润总额2 400万元，所得税税率25%。

1. 2017年发生的有关交易和事项中，会计处理与税收处理存在差别的有：

（1）2017年1月开始计提折旧的一项固定资产，成本1 200万元，年限10年，会计按双倍余额递减法折旧，税法按直线法折旧。其他规定相同。

（2）捐赠现金400万元。税法不允许税前扣除。

（3）期末交易性金融资产成本600万元，公允价值1 200万元。税法规定，持有期间市价变动不计入应纳税所得额。

（4）违反环保规定应支付罚款200万元。

（5）期末存货账面余额1 660万元存货，计提60万元存货跌价准备。

要求：根据以上资料，不考虑其他因素的影响，分析完成下列1~6题。

1. 该公司上述固定资产在2017年度的会计折旧与税法折旧分别是（　　）万元。

A. 240　　B. 120

C. 100　　D. 60

2. 该公司上述固定资产在2017年末的账面价值与计税基础分别是（　　）万元。

A. 1 080　　B. 1 000

C. 960　　D. 850

3. 该公司全年应纳税额为（　　）万元。

A. 3 500　　B. 3 300

C. 3 205　　D. 645

4. 该公司当年产生的应纳税暂时性差异和递延所得税负债的发生额分别为（　　）万元。

A. 600　　B. 150

C. 5　　D. 1.25

5. 该公司当年产生的可抵扣暂时性差异和递延所得税资产的发生额分别为（　　）万元。

A. 180　　B. 45

C. 5　　D. 1.25

6. 该公司全年应确认的所得税费用是（　　）万元。

A. 826.25　　B. 825

C. 801.25　　D. 750

（二）华通公司为增值税一般纳税企业，适用的增值税税率为17%，消费税税率为10%，所得税税率为25%，存货收发采用实际成本法核算。该企业2017年发生下列经济业务：

（1）一般纳税企业购入一批原材料，增值税专用发票上注明的原材料价款为100万元，增值税17万元，货款已经支付，另购入材料过程中支付运费1万元，材料已经到达并验收入库。

（2）将一批材料用于建造办公楼，材料成本为1万元（未计提跌价准备），该材料购进时确认的进项税为0.17万元。

(3) 为购建厂房购入工程物资一批，其价款为20万元，增值税为3.4万元，用银行存款支付。

(4) 对外提供运输劳务（非主营业务），收入10万元存入银行，确认收入。(不考虑其他成本)

(5) 转让一项专利权的所有权，收入10万元存入银行，该专利权原值为12万元，转让时已经累计摊销6万元，没有计提减值准备。

(6) 企业用银行存款支付购买印花税票0.13万元。

(7) 向甲公司销售一批应税消费品10万元（主营业务），增值税1.7万元，收到款项存入银行。该批产品的实际成本为8万元。

要求：根据以上资料，不考虑其他因素的影响，分析完成下列1~7题。

1. 业务（1）中可抵扣的进项税额为（　　）万元。

A. 7　　B. 17

C. 17.07　　D. 17.11

2. 根据业务（2），会计处理正确的是（　　）。

A. 借：在建工程　10 000
　　贷：原材料　10 000

B. 借：固定资产　11 700
　　贷：原材料　10 000
　　　　应交税费——应交增值税（进项税额转出）　1 700

C. 借：在建工程　11 700
　　贷：原材料　10 000
　　　　应交税费——应交增值税（进项税额）　1 700

D. 借：在建工程　11 700
　　贷：原材料　10 000
　　　　应交税费——应交增值税（进项税额转出）　1 700

3. 根据业务（3），编制的会计分录正确的选项是（　　）。

A. 借：工程物资　200 000

B. 借：工程物资　234 000

C. 借：应交税费——应交增值税（进项税额）　34 000

D. 贷：银行存款　234 000

4. 根据业务（4）会计处理正确的是（　　）。

A. 借：银行存款　100 000
　　贷：营业外收入　100 000

B. 借：税金及附加　5 000
　　贷：应交税费——应交增值税　5 000

C. 借：银行存款　100 000
　　贷：其他业务收入　100 000

D. 借：其他业务成本　5 000

贷：应交税费——应交增值税 5 000

5. 根据业务（5），下列处理正确的是（ ）。

A. 增值税根据收入总额确定
B. 损益计入营业收入
C. 损益计入营业外收入
D. 损益计入营业外支出

6. 根据业务（6），产生的税费应计入损益科目是（ ）。

A. 销售费用
B. 其他业务成本
C. 财务费用
D. 管理费用

7. 根据业务（7），会计处理正确的是（ ）。

A. 借：银行存款 117 000
　　贷：主营业务收入 100 000
　　　　应交税费——应交增值税（销项税额） 17 000

B. 借：主营业务成本 80 000
　　贷：库存商品 80 000

C. 借：税金及附加 10 000
　　贷：应交税费——应交消费税 10 000

D. 借：销售费用 10 000
　　贷：应交税费——应交消费税 10 000

9 学习情境九 销售核算

内容概要

- 销售核算
  - 收入概述
    - 收入的概念
    - 收入的分类
    - 收入的确认条件
  - 收入核算
    - 设置的主要账户
      - 主营业务收入/主营业务成本
      - 其他业务收入/其他业务成本
      - 劳务成本
    - 核算业务内容
      - 销售商品收入
      - 提供劳务收入
      - 让渡资产使用权收入
  - 利润核算
    - 设置的主要账户
      - 本年利润
      - 利润分配
    - 核算业务内容
      - 损益结转
      - 利润分配

学习内容

一、收入核算

（一）销售商品收入的确认条件

（1）企业已将商品所有权上的主要风险和报酬转移给买方。商品所有权上的主要风险：主要指商品所有者承担该商品价值发生损失的可能性。商品所有权上的报酬：主要指商品所有者预期可获得的商品中包括的未来经济利益。是否发生转移应注意分析商品交易的实质。

（2）企业既没有保留通常与所有权相联系的继续管理权，也没有对已售出的商品实施控制。

（3）与交易相关的经济利益很可能够流入企业。

（4）收入的金额能够可靠地计量。

（5）相关的已发生或将发生的成本能够可靠地计量。

（二）商品销售一般业务处理

1. 销售完成

借：应收账款/银行存款/应收票据等

　　贷：主营业务收入

　　　　应交税费——应交增值税（销项税额）

　　　　银行存款（代垫运杂费）

2. 收账时产生现金折扣

借：银行存款

　　财务费用

　　贷：应收账款

（三）商品销售特殊业务处理

1. 商品已经发出但不符合销售商品收入确认条件

借：发出商品

　　贷：库存商品

2. 发生销售折让

借：主营业务收入

　　应交税费——应交增值税（销项税额）

　　贷：应收账款/银行存款

3. 发生销售退回

借：主营业务收入

　　应交税费——应交增值税（销项税额）

　　贷：应收账款/银行存款

借：库存商品

　　贷：主营业务成本

4. 收取手续费方式的委托代销

（1）委托方业务处理。

①发出代销商品：

借：发出商品

　　贷：库存商品

②收到代销清单，开出增值税专用发票：

借：应收账款

　　贷：主营业务收入/其他业务收入

　　　　应交税费——应交增值税（销项税额）

③结转商品销售成本：

借：主营业务成本/其他业务成本

　　贷：委托代销商品

④收到代销款，支付手续费：

借：银行存款

　　销售费用（支付的手续费）

　　贷：应收账款

（2）代销方（受托方）业务处理。

①收到代销商品：

借：代理业务资产

　　贷：代理业务负债

②完成销售，开出增值税专用发票：

借：银行存款

　　贷：应付账款

　　　　应交税费——应交增值税（销项税额）

③交付代销清单，收到增值税专用发票：

借：应交税费——应交增值税（进项税额）

　　贷：应付账款

④支付代销款，结算手续费：

借：应付账款

　　贷：银行存款

　　　　主营业务收入/其他业务收入

⑤注销代理业务资产和代理业务负债：

借：代理业务负债

　　贷：代理业务资产

（四）提供劳务收入

1. 完工百分比法

资产负债表日，提供劳务交易结果能够可靠估计，应采用完工百分比法确认提供劳务收入。

本期确认的收入＝劳务总收入×本期末止劳务的完成程度－以前期间已确认的收入

本期确认的成本＝劳务总成本×本期末止劳务的完成程度－以前期间已确认的成本

2. 账务处理

（1）归集成本。

借：劳务成本

　　贷：原材料

　　　　应付职工薪酬

　　　　银行存款等

（2）确认劳务收入、结转成本。

借：银行存款

　　贷：主营业务收入

借：主营业务成本

　　贷：劳务成本

3. 资产负债表日

劳务交易结果不能够可靠估计，分为以下3种情况进行处理：

（1）已经发生的劳务成本预计全部能够得到补偿：已经发生的劳务成本预计全部能够得到补偿的，应按已收或预计能够收回的金额确认提供劳务收入，并结转已经发生的劳务成本。

（2）已经发生的劳务成本预计部分能够得到补偿：已经发生的劳务成本预计部分能够得到补偿的，应按能够得到补偿的劳务成本金额确认提供劳务收入，并结转已经发生的劳务成本。

（3）已经发生的劳务成本预计全部不能得到补偿：已经发生的劳务成本预计全部不能得到补偿的，应将已经发生的劳务成本计入当期损益（主营业务成本），不确认提供劳务收入。

二、利润形成与分配的核算

1. 科目设置：本年利润和利润分配

2. 主要业务的账务处理

3. 利润分配的程序

（1）弥补以前年度亏损。

（2）提取法定盈余公积（达到注册资本50%可不再提取）。

（3）提取法定公益金。

（4）提取任意盈余公积金。

（5）向投资者分配利润。

▣ 同步练习题

一、单项选择题

1. 下列交易不符合收入定义的是（ ）。

A. 无形资产出租取得的收益

B. 出售多余原材料产生的收益

C. 出售固定资产产生的净收益

D. 企业辅助生产部门对外提供劳务产生的收益

2. 2018年5月20日，A公司向C公司销售一批商品，专用发票注明：售价30万元，增值税5.1万元。该批商品的成本20万元。合同约定：2/10，N/30。2018年5月29日，A公司收到C公司支付的价税款。现金折扣时不考虑增值税。上述交易对当期营业利润的影响额为（ ）万元。

A. －0.6　　B. 9.4

C. 10　　D. 29.4

3. 2018年7月20日，A公司向E公司销售一批商品，专用发票注明：售价50万元，增值税8.5万元。该批商品的成本40万元。2018年8月29日，A公司发现商品质量与合同规定不符，要求给予价格减让，同日，A公司同意给予10%的折让并办妥相关折让手续。上述交易对2018年8月营业利润的影响额为（　　）万元。

A. -1　　B. -1.85

C. -5　　D. -5.85

4. 企业上年度销售的商品在本年度发生退回时（非资产负债表日后事项的销售退回），应在退回当期按售价冲减（　　）。

A. 营业外支出　　B. 营业外收入

C. 主营业务收入　　D. 以前年度损益调整

5. 下列项目中，按照现行会计制度的规定，销售企业应作为财务费用处理的是（　　）。

A. 购货方获得的现金折扣　　B. 购货方获得的商业折扣

C. 购货方获得的销售折让　　D. 购货方放弃的现金折扣

6. 下列各项中，属于工业企业其他业务收入的是（　　）。

A. 罚没收入　　B. 出售固定资产收入

C. 材料销售收入　　D. 出售无形资产收入

7. 企业委托代销商品，受托方按合同约定扣收的手续费，委托方应计入（　　）账户。

A. 财务费用　　B. 其他业务成本

C. 管理费用　　D. 销售费用

8. 企业委托其他单位代销商品，在收取手续费代销方式下，商品销售收入确认的时间是（　　）。

A. 发出商品日期　　B. 受托方发出商品日期

C. 收到代销单位开具的代销清单　　D. 收到全部款项

9. 企业采用预收货款方式销售商品，确认收入的时间是（　　）。

A. 发出商品时　　B. 合同约定的收款日期

C. 实际收到货款时　　D. 货款全部收回时

10. 企业会计准则规定，存在现金折扣的商品销售应采用总价法核算，现金折扣应于实际发生时计入（　　）。

A. 管理费用　　B. 财务费用

C. 其他业务支出　　D. 营业外支出

11. 下列事项中，应计入“制造费用”账户的是（　　）。

A. 生产车间的固定资产折旧费　　B. 行政管理部门的固定资产折旧费

C. 生产车间生产工人的工资　　D. 行政管理部门人员的工资

12. 企业一定期间的净利润是指（　　）。

A. 营业利润加投资收益　　B. 营业利润加营业外收支净额

C. 营业利润加公允价值变动净收益　　D. 利润总额减所得税费用

13. 下列事项不会影响企业本期营业利润的是（　　）。

A. 企业办理银行承兑汇票支付的手续费

B. 转销确实无法支付的应付款项

C. 固定资产减值计提减值准备

D. 期末，交易性金融资产公允价值发生变动

14. 某公司于2018年年初将其所拥有的一座桥梁的收费权出租给B公司10年，10年后由A公司收回收费权，一次性取得收入80万元，款项已收存银行。售出10年期间，桥梁的维护由B公司负责。则A公司2018年该项业务应确认的收入为（　　）万元。

A. 0　　B. 10

C. 80　　D. 8

15. A公司对外提供一跨年度的劳务，至年末当年实际发生的劳务成本为40万元，合同总收入为70万元。因接受劳务方财务困难，估计已发生的成本能够收回20万元。则年末应确认的收入和费用分别为（　　）万元。

A. 70和40　　B. 40和40

C. 20和40　　D. 40和20

16. 某企业2012年10月承接一项设备安装劳务，劳务合同总收入为200万元，预计合同总成本为140万元，合同价款在签订合同时已收取，采用完工百分比法确认劳务收入。2012年已确认劳务收入80万元，截至2013年12月31日，该劳务的累计完工进度为60%。2013年该企业应确认的劳务收入为（　　）万元。

A. 36　　B. 40

C. 72　　D. 120

17. 企业采用支付手续费方式委托代销商品，委托方确认商品销售收入的时间是（　　）。

A. 签订代销协议时　　B. 发出商品时

C. 收到代销清单时　　D. 收到代销款时

18. 企业对于已经发出但不符合收入确认条件的商品，其成本应借记的科目是（　　）。

A. 在途物资　　B. 发出商品

C. 库存商品　　D. 主营业务成本

19. 按照会计准则的规定，下列项目中不应确认为收入的是（　　）。

A. 出售原材料取得的收入　　B. 设备出租收入

C. 违约金收入　　D. 销售商品收取的不含税价款

20. 下列各项可采用完工百分比法确认收入的是（　　）。

A. 在同一会计年度开始并完成劳务

B. 跨越一个会计年度才能完成且交易结果能够可靠估计的劳务

C. 委托代销商品

D. 分期收款销售商品

21. 某企业取得的下列各项收入中，不属于让渡资产使用权所取得收入的是（　　）。

A. 债券利息收入　　B. 进行股权投资取得的现金股利

C. 经营租出固定资产取得的租金收入　　D. 出售固定资产取得的价款

22. 委托方采用支付手续费的方式委托代销商品，受托方在商品销售后应按（　　）确认收入。

A. 销售价款和手续费之和　　B. 销售价款和增值税之和

C. 商品售价　　D. 收取的手续费

23. 甲企业11月份销售商品收入为1 000万元，其他业务收入30万元，发生销售退回15万元、现金折扣20万元、销售折让25万元。该企业11月份的营业收入为（　）万元。

A. 940　　B. 990

C. 1 000　　D. 1 030

24. 企业对于已经发出但不符合收入确认条件的商品，如果纳税义务已经发生但未收到款项，确认“应交税费——应交增值税”时，应该借记的科目是（　）。

A. 应收账款　　B. 其他应收款

C. 其他业务成本　　D. 主营业务成本

25. 以下事项不影响主营业务收入确认金额的是（　）。

A. 销售商品发生的销售折让　　B. 销售商品发生的现金折扣

C. 销售商品发生的销售退回　　D. 销售商品发生的商业折扣

26. 下列关于收入确认的表述中，不正确的是（　）。

A. 按照企业从事日常活动的性质，收入可以分为主营业务收入和其他业务收入

B. 收入与所有者投入资本无关

C. 收入形成于企业的日常经营活动

D. 收入和利得的区别在于其是否形成于日常经营活动

27. 甲企业与乙企业签订一项电梯销售合同，其中有一个重要的组成部分就是负责电梯的安装工作，则甲企业确认商品销售收入的时点是（　）。

A. 发出商品时　　B. 收到商品销售货款时

C. 商品运抵并开始安装时　　D. 商品安装完毕并检验合格时

28. 2016年9月1日，东大公司与客户签订一项安装劳务合同，预计2017年12月31日完工；合同总金额为800万元，预计总成本为500万元。截至2016年12月31日，该公司实际发生成本150万元，预计还将发生成本350万元。假定该合同的结果能够可靠地估计，按已经发生的成本占估计总成本的比例确认完工进度。2016年度对该项合同确认的收入为（　）万元。

A. 150　　B. 240

C. 350　　D. 500

29. 甲企业2018年8月10日收到乙企业因质量问题而退回的商品10件，每件商品成本为100元。该批商品是甲企业2014年5月13日出售给乙企业的，每件商品售价为230元，适用的增值税税率为17%，货款尚未收到，甲企业尚未确认销售商品收入。因乙企业提出的退货要求符合销售合同约定，甲企业同意退货。甲企业应在退货入库时做的会计处理为（　）。

A. 借：库存商品　　1 000

　　贷：主营业务成本　　1 000

B. 借：主营业务收入　　2 691

　　贷：应收账款　　2 691

C. 借：库存商品 1 000
　　贷：发出商品 1 000
D. 借：应交税费——应交增值税（销项税额） 391
　　贷：应收账款 391

30. 甲企业委托乙企业代销一批商品 6 000 件，代销价款为 100 元/件。该商品成本为 60 元/件，甲企业适用增值税税率为 17%，2018 年 5 月，甲企业收到乙企业开来的代销清单上列明已销售代销商品的 50%，甲企业向乙企业开具增值税专用发票。甲企业按售价的 3% 支付给乙企业手续费。甲企业 5 月应确认的销售收入为（　　）元。

A. 300 000　　B. 188 000
C. 400 000　　D. 388 000

二、多项选择题

1. 下列各账户的余额，期末应结转到“本年利润”账户的有（　　）。
A. 营业外收入　　B. 营业外支出
C. 投资收益　　D. 以前年度损益调整

2. 按我国企业会计准则规定，下列项目中不应确认为收入的有（　　）。
A. 销售商品收取的增值税
B. 出售飞机票时代收的保险费
C. 旅行社代客户购买景点门票收取的款项
D. 销售商品代垫的运杂费

3. 下列各项中，应确认为期间费用的有（　　）。
A. 给予购货方的销售折让
B. 向会计师事务所支付会计报表审计费
C. 按规定计算的应交城建税和教育费附加
D. 分配专设销售机构的职工工资

4. 下列项目中，应计入销售费用的有（　　）。
A. 销售商品应承担的运杂费　　B. 专设销售机构固定资产的折旧费
C. 广告费　　D. 生产车间经营租入固定资产的租赁费

5. 下列项目中，应计入财务费用的有（　　）。
A. 经营期间按规定应予费用化的长期借款利息
B. 不带息商业汇票办理贴现产生的贴息
C. 预提的产品保修费用
D. 办理银行承兑汇票向银行支付的手续费

6. 下列各项中，影响营业利润的有（　　）。
A. 结转完工产品成本　　B. 结转出售多余材料成本
C. 转销盘亏固定资产的净损失　　D. 销售应税消费品按规定计算的消费税

7. 企业在确定提供劳务交易的完工进度时，可选用的方法有（　　）。
A. 已完工作的测量
B. 已经提供的劳务占应提供劳务总量的比例

C. 已收到的款项占合同总价款的比例

D. 已经发生的成本占估计总成本的比例

8. 关于费用的特点，下列说法中正确的有（　　）。

A. 费用与向所有者分配利润有关

B. 费用会导致企业所有者权益的减少

C. 费用与向所有者分配利润无关

D. 费用是企业在日常活动中发生的经济利益的总流出

9. 企业下列活动形成的经济利益流入中，属于营业外收入的有（　　）。

A. 出售原材料　　B. 盘盈固定资产

C. 出售固定资产　　D. 接受现金捐赠

10. 应计入管理费用的税费有（　　）。

A. 房产税　　B. 土地使用税

C. 车船使用税　　D. 矿产资源补偿费

11. 下列各项中，工业企业应确认为其他业务收入的有（　　）。

A. 对外销售材料收入　　B. 出售专利所有权收入

C. 处置营业用房净收益　　D. 转让商标使用权收入

12. 企业跨期提供劳务的，期末可以按照完工百分比法确认收入的条件包括（　　）。

A. 劳务总收入能够可靠地计量　　B. 相关的经济利益很可能流入企业

C. 劳务的完成程度能够可靠地确定　　D. 劳务总成本能够可靠地计量

13. 下列各项中，属于收入确认条件的有（　　）。

A. 企业已将商品所有权上的主要风险和报酬转移给购货方

B. 相关的经济利益很可能流入企业

C. 相关的已发生或将发生的成本的金额能够可靠地计量

D. 企业既没有保留通常与所有权相联系的继续管理权，也没有对已售出的商品实施有效控制

14. 下列各科目中，能够反映已经发出但尚未确认销售收入的商品成本的有（　　）。

A. 生产成本　　B. 委托代销商品

C. 发出商品　　D. 库存商品

15. 企业取得的下列款项中，符合“收入”会计要素定义的有（　　）。

A. 转让无形资产使用权取得的款项　　B. 出售原材料收取的价款

C. 出售自制半成品收取的价款　　D. 出售固定资产收取的价款

16. 收入的特征表现为（　　）。

A. 收入包括代收的增值税

B. 收入会导致所有者权益的增加

C. 收入与所有者投入资本无关

D. 收入从日常活动中产生，而不是从偶发的交易或事项中产生

17. 企业对于已经发出但尚未确认销售收入的商品成本的核算，可能涉及的会计科目有（　　）。

A. 在途物资　　B. 库存商品

C. 主营业务成本　　　　　　　　　　D. 发出商品

18. 下列有关收入确认的表述中，正确的有（　　）。

A. 在同一会计年度内开始并完成的劳务，应按完工百分比法确认各月收入

B. 在资产负债表日，已发生的合同成本预计全部不能收回时，应将已发生的成本确认为当期损益，不确认收入

C. 在提供劳务交易的结果不能可靠估计的情况下，已经发生的劳务成本预计能够得到补偿时，应在资产负债表日按已经发生的劳务成本确认成本

D. 劳务的开始和完成分属不同的会计年度，在劳务的结果能够可靠地计量的情况下，公司应在资产负债表日按完工百分比法确认收入

19. 下列交易和事项中，不能确认营业收入的有（　　）。

A. 订货销售收到的部分订货款

B. 预收客户账款

C. 收取手续费方式下委托代销商品收到代销清单

D. 收取手续费方式下发出委托代销商品

20. 收入是企业在日常活动中形成的，下列各项中。属于收入的有（　　）。

A. 销售原材料收入　　　　　　　　B. 提供劳务收入

C. 销售商品收入　　　　　　　　　D. 出售固定资产收入

21. 下列有关收入确认的表述中，正确的有（　　）。

A. 在预收款销售方式下，收到货款时确认收入

B. 资产使用费收入应当按合同规定确认收入

C. 如劳务的开始和完成分属于不同会计期间，应按完工百分比法确认收入

D. 在支付手续费方式下，委托代销方式销售商品应在收到受托方开具的代销清单时确认收入

22. 下列各项中，不形成收入的有（　　）。

A. 出售无形资产　　　　　　　　　B. 接受所有者投资

C. 接受的捐赠　　　　　　　　　　D. 经营租出固定资产

23. 让渡资产使用权的收入确认条件不包括（　　）。

A. 与交易相关的经济利益很可能流入企业

B. 收入的金额能够可靠地计量

C. 资产所有权上的风险已经转移

D. 没有继续保留资产的控制权

24. 甲企业 2017 年 10 月售出产品一批，并确认了收入，2017 年 12 月由于质量问题被退回时，在退回当期不应计入（　　）科目的借方。

A. 库存商品　　　　　　　　　　　B. 营业外支出

C. 利润分配　　　　　　　　　　　D. 主营业务收入

25. 下列各项中，属于让渡资产使用权收入的有（　　）。

A. 转让无形资产使用权取得的收入

B. 进行股权投资取得的现金股利

C. 进行债权投资收取的利息

D. 以经营租赁方式出租固定资产取得的租金

三、判断题

1. 企业发生收入往往表现为货币资产的流入，但是并非所有货币资产的流入都是企业的收入。 （ ）

2. 企业提供跨期劳务时，如果资产负债表日劳务交易的结果不能可靠估计，应按已经发生并预计能够补偿的劳务成本确认收入，并按相同金额结转成本。 （ ）

3. 企业实际发放的工资超过计税工资标准时，应将超过计税工资标准发放的工资计入营业外支出。 （ ）

4. 按企业会计制度规定，企业发生的销售折让应作为财务费用处理。 （ ）

5. 企业发生的销售折让，按规定抵减当期增值税销项税额，应用“红字”在“应交税费——应交增值税（销项税额）”专栏中记录。 （ ）

6. 企业发生的所有借款利息都应作为财务费用处理。 （ ）

7. 企业采用预收款销售商品，应在收到第一笔款项时确认收入。 （ ）

8. 根据企业会计准则对收入的定义，收入不仅包括主营业务收入和其他业务收入，还包括营业外收入。 （ ）

9. 企业让渡资产使用权，如果合同或协议规定一次性收取使用费，且不提供后续服务的，应当视同销售该资产一次性确认收入。 （ ）

10. 企业对于发出的商品，不符合收入确认条件的，应按其实际成本编制会计分录：借记“发出商品”科目，贷记“库存商品”科目。 （ ）

11. 企业劳务的开始和完成分属于不同的会计期间，且在资产负债表日提供劳务交易的结果能够可靠估计的，应采用完工百分比法确认劳务收入。 （ ）

12. 企业出售原材料取得的款项扣除其成本及相关费用后的净额，应当计入“营业外收入”或“营业外支出”科目。 （ ）

13. 企业为客户提供的现金折扣应在实际发生时冲减当期收入。 （ ）

14. 企业在确定商品销售收入金额时，应该考虑各种可能发生的现金折扣和销售折让。 （ ）

15. 企业销售单独计价的包装物实现的收入通过“主营业务收入”科目进行核算。 （ ）

16. 企业在确认商品销售收入后发生的销售折让，应在实际发生时计入“财务费用”。 （ ）

17. 企业只要发出商品，无论是否已确认销售收入，期末均不应作为企业的存货。 （ ）

18. 收入不一定表现为企业资产的增加。 （ ）

19. 在采用完工百分比法确认劳务收入时，当期确认的成本应以实际发生的全部劳务成本确认。 （ ）

20. 在采用预收货款方式销售产品的情况下，应当在发出商品时确认收入的实现。 （ ）

21. 委托代销商品应该在收到代销单位汇来的货款时确认收入。 （ ）

22. 企业本期发生的货币资产的流入，均确认为企业本期的收入。 （ ）

23. 企业提供劳务时，如资产负债表日不能对交易的结果做出可靠估计，应按已经发生并预计能够得到补偿的劳务成本确认收入，并按相同金额结转成本。 （ ）

24. 作为六大会计要素之一的收入，通常不包括处置固定资产净收益、转让无形资产使用权取得的款项等。 （ ）

25. 企业在销售商品时，如果估计价款收回的可能性不大，即使收入确认的其他条件：均已满足，也不应当确认收入。 （ ）

四、综合训练题

（一）力帆公司属增值税一般纳税人，适用增值税税率17%，其主营业务为生产销售甲乙两种产品，除产品销售外其他营业活动均为兼营业务。确认收入时，同时结转销售成本。2018 年发生下列经济业务：

1. 向 X 公司销售甲商品，增值税专用发票注明：售价 30 万元，增值税 5.1 万元。商品成本 24 万元。合同约定：3/10，2/20，N/30。款项尚未收到。

2. 上月向 T 公司销售的乙商品，因商品等级与合同规定不符，T 公司要求给予价格让步。经协商同意向 T 公司折让价税款的 20% ，当日已办妥相关折让手续，折让款已退还 T 公司。向 T 公司所售的乙商品原售价 20 万元，增值税 3.4 万元。乙商品实际成本 16 万元。

3. 向 S 公司发出甲商品，增值税专用发票注明：售价 50 万元，增值税 8.5 万元。商品成本 42 万元。该批商品的款项已于上月预收 40 万元。

4. 收到 D 公司为本公司代销乙商品的代销清单。清单表明，代销商品已售出 300 件，售价 30 万元（不含增值税），按售价的 5% 扣收手续费。代销商品成本 25 万元。当日，向 D 公司开出增值税专用发票。款项尚未收到。

5. 从证券市场购入 C 公司股票 3 000 股，买价 8 万元，另付印花税等交易费用 80 元。公司将其划分为交易性金融资产。

6. 企业出售一台不需用的设备，设备原价 20 万元，已提折旧 12 万元。售价 6 万元，发生清理费用 1 万元，款项均以银行存款收付。该设备已清理完毕。

7. 企业出租一专利权，不提供后续服务，收到租金 3 万元。当月应摊销的专利权价值为 0.8 万元，适用营业税率 5% 。

8. 为客户提供一加工劳务。该项劳务合同收入 20 万元，合同成本 15 万元。至月末共计发生职工薪酬等劳务成本 8 万元。劳务完工程度为 60% 。因客户的原因，估计能够收回的劳务款为 5 万元。

9. 企业将一批因转产而不需用的原材料对外捐赠给外单位，该批原材料实际成本 10 万元，计税价格 12 万元。

10. 销售部门报销业务招待费 5 万元，款项以银行存款支付。

11. 销售一批原材料，增值税专用发票注明售价 80 万元，款项收到并存入银行。该批材料的实际成本为 59 万元。

12. 确认设备安装劳务收入。该设备安装劳务合同总收入为 100 万元，预计合同总成本为 70 万元，合同价款在前期签订合同时已收取。采用完工百分比法确认劳务收入。

截止到本月末，该劳务的累计完工进度为60%，前期已累计确认劳务收入50万元、劳务成本35万元。

13. 向本公司行政管理人员发放自产产品作为福利，该批产品的实际成本为8万元，市场售价为10万元。

14. 公司适用城建税率7%，教育费附加3%，按规定计算应交城建税和应交教育费附加。

15. 公司适用所得税税率25%，除对外捐赠外无其他纳税调整事项，计算当月的所得税应纳税额。

要求：(1) 根据上述经济业务内容，编制会计分录。

(2) 计算该企业2018年的营业利润、利润总额和净利润额。

(二) 2017年8月20日至2018年10月10日，X公司为B公司提供一项非工业性劳务。合同总收入为100万元，合同总成本80万元。至2017年12月31日，实际发生的劳务成本为20万元，完工程度按已发生成本占合同总成本的比例确定。劳务完成时实际总成本88万元。劳务开始时预收账款40万元，余款在劳务结束时收取。X公司采用完工百分比法确认收入，此项劳务符合完工百分比法确认收入的条件。要求：

(1) 计算2017年度该项劳务的完工程度。

(2) 计算2017年度X公司应确认的收入。

(3) 计算2018年劳务完成时X公司应确认的收入。

(4) 计算2018年劳务完成时X公司应结转劳务成本。

(三) 甲、乙两企业均为增值税一般纳税人，增值税税率均为17%。2018年3月6日，甲企业与乙企业签订代销协议，甲企业委托乙企业销售A商品500件，A商品的单位成本为每件350元。代销协议规定，乙企业应按每件A商品585元（含增值税）的价格售给顾客，甲企业按不含增值税的售价的10%向乙企业支付手续费。4月1日，甲企业收到乙企业交来的代销清单，代销清单中注明：实际销售A商品400件，商品售价为200 000元，增值税额为34 000元。当日甲企业向乙企业开具金额相等的增值税专用发票。4月6日，甲企业收到乙企业支付的已扣除手续费的商品代销款。

要求：根据上述资料，编制有关经济业务会计分录。

五、不定项选择题

(一) 华兴公司为增值税一般纳税企业，增值税税率为17%。销售商品的同时结转成本。2018年3月份发生下列经济业务：

(1) 3日，向A公司销售商品1 000件，每件商品的标价为80元。为了鼓励多购商品华兴公司同意给予A公司10%的商业折扣。开出的增值税专用发票上注明的售价总额72 000元，增值税额为12 240元。该商品成本为55元/件。商品已发出，货款已收存银行。

(2) 5日，向B公司销售商品一批，开出的增值税专用发票上注明的售价总额60 000元，增值税额为10 200元，销售成本为40 000元。华兴公司为了及早收回货款，在合同中规定的现金折扣条件为：2/10，1/20，n/30。

(3) 13日，收到B公司的扣除享受现金折扣后的全部款项，并存入银行。

（4）20日，A公司发现所购商品不符合合同规定的质量标准，要求华兴公司在价格上再给予5%的销售折让。华兴公司经查明后，同意给予折让并取得了索取折让证明单，开具了增值税专用发票（红字）。

要求：根据以上资料，不考虑其他因素的影响，分析回答下列1～6小题。

1. 下列各项中，属于销售商品收入确认条件的有（　　）。

A. 相关的经济利益很可能流入企业

B. 相关的已发生或将发生的成本的金额能够可靠地计量

C. 企业已将商品所有权上的主要风险和报酬转移给购货方

D. 企业既没有保留通常与所有权相联系的继续管理权，也没有对已售出的商品实施有效控制

2. 根据业务（1），华兴公司应确认的主营业务收入是（　　）元。

A. 72 000　　B. 84 240

C. 80 000　　D. 93 600

3. 根据业务（2），华兴公司应做的会计处理为（　　）。

A. 借：应收账款——B公司　　69 000
　　贷：主营业务收入　　58 800
　　　　应交税费——应交增值税（销项税额）　　10 200

B. 借：应收账款——B公司　　70 200
　　贷：主营业务收入　　60 000
　　　　应交税费——应交增值税（销项税额）　　10 200

C. 借：主营业务成本　　40 000
　　贷：库存商品　　40 000

D. 借：发出商品　　40 000
　　贷：库存商品　　40 000

4. 根据业务（3），现金折扣应于实际发生时计入（　　）。

A. 管理费用　　B. 财务费用

C. 销售费用　　D. 营业外支出

5. 根据业务（3），华兴公司产生的现金折扣金额为（　）元。

A. 600　　B. 702

C. 1 200　　D. 1 404

6. 根据题中业务，华兴公司2014年3月份的营业收入为（　　）元。

A. 127 200　　B. 128 400

C. 130 800　　D. 140 000

（二）顺达公司为增值税一般纳税人，适用的增值税税率为17%，商品、原材料售价中不含增值税。假定销售商品、原材料和提供劳务均符合收入确认条件，其成本在确认收入时逐笔结转，不考虑其他因素。2018年4月，顺达公司发生如下经济业务：

（1）销售商品一批，按商品标价计算的金额为2 000 000元，由于是成批销售，公司给予客户10%的商业折扣并开具了增值税专用发票，款项尚未收回。该批商品实际成本为1 500 000元。

(2) 向本公司行政管理人员发放自产产品作为福利，该批产品的实际成本为80 000元，市场售价为100 000元。

(3) 向乙公司转让一项为期2年的专利权使用权，一次性收取使用费192 000元存入银行，且不再提供后续服务。该专利权本月应摊销成本20 000元。

(4) 销售一批原材料，增值税专用发票注明售价800 000元，款项收到并存入银行。该批材料的实际成本为590 000元。

(5) 某设备安装劳务合同总收入1 000 000元，预计合同总成本700 000元，在签订合同时价款已收取。截止到本月末，该劳务进度正常，累计完工进度为60%，前期已累计确认劳务收入500 000元、劳务成本350 000元。

(6) 本月发生管理费用200 000元，财务费用100 000元，营业外支出50 000元。

要求：根据以上资料，不考虑其他因素的影响，分析回答下列1~6小题。

1. 根据业务(1)，顺达公司应做的会计处理为(　　)。

A. 借：应收账款　2 340 000
　　贷：主营业务收入　2 000 000
　　　　应交税费——应交增值税(销项税额)　340 000

B. 借：应收账款　2 106 000
　　贷：主营业务收入　1 800 000
　　　　应交税费——应交增值税(销项税额)　306 000

C. 借：主营业务成本　1 500 000
　　贷：库存商品　1 500 000

D. 借：发出商品　1 500 000
　　贷：库存商品　1 500 000

2. 根据业务(2)，顺达公司应确认的主营业务收入是(　　)元。

A. 80 000　　B. 93 600
C. 100 000　　D. 117 000

3. 根据业务(5)，顺达公司4月应确认的劳务收入和应结转的劳务成本分别为(　　)元。

A. 1 000 000、700 000　　B. 500 000、350 000
C. 600 000、420 000　　D. 100 000、70 000

4. 根据业务(3)，顺达公司应确认的收入为(　　)元。

A. 8 000　　B. 7 200
C. 96 000　　D. 192 000

5. 根据业务(1)至(6)，顺达公司4月份的营业利润为(　　)元。

A. 882 000　　B. 852 000
C. 732 000　　D. 615 000

6. 根据业务(1)至(6)，4月份的利润总额为(　　)元。

A. 265 000　　B. 293 000
C. 532 000　　D. 735 000

10 学习情境十 资金筹集核算

内容概要

- 资金筹集核算
  - 借款核算
    - 短期借款的核算
    - 长期借款的核算
  - 应付债券核算
    - 面值发行债券的核算
    - 持有期计提利息的核算
    - 到期还本付息的核算
  - 所有者权益核算
    - 所有者权益的内容
    - 实收资本（股本）的核算
    - 资本公积的核算
    - 盈余公积的核算
    - 利润及利润分配的核算

学习内容

一、所有者权益核算

（一）实收资本

1. 接受现金资产投资

对于实际收到或者存入企业开户银行的金额超过投资者在企业注册资本中所占份额的部分，应当计入资本公积。

2. 接受非现金资产投资

对于投资合同或协议约定的价值（不公允的除外）超过其在注册资本中所占份额的部分，应当计入资本公积。

3. 实收资本（或股本）的增减变动

（1）实收资本的增加。①企业接受投资者追加投资的，与初次投资的处理原则一致；②资本公积和盈余公积转增资本时，按转增的资本金额确认实收资本或股本。

（2）实收资本的减少。股份有限公司以收购本企业股票方式减资的，按注销股票的面值总额减少股本，购回股票支付的价款超过面值总额的部分，依次冲减“资本公积”、“盈余公积”和“利润分配——未分配利润”等科目；相反增加资本公积（股本溢价)。

（二）资本公积

1. 资本溢价（或股本溢价）的核算

有限责任公司接受投资者投入资产的金额超过投资者在其注册资本中所占份额的部分，通过“资本公积——资本溢价”科目核算。

股份有限公司发行股票收到现金资产时，借记“银行存款”等科目，按每股股票面值和发行股份总额的乘积计算的金额，贷记“股本”科目，实际收到的金额与该股本之间的差额贷记“资本公积——股本溢价”科目。

2. 其他资本公积的核算

是指除资本溢价（或股本溢价）项目以外所形成的资本公积。

3. 资本公积转增资本的核算

按转增的金额，借记“资本公积”科目，贷记“实收资本”科目。

（三）留存收益

1. 利润分配的内容和核算

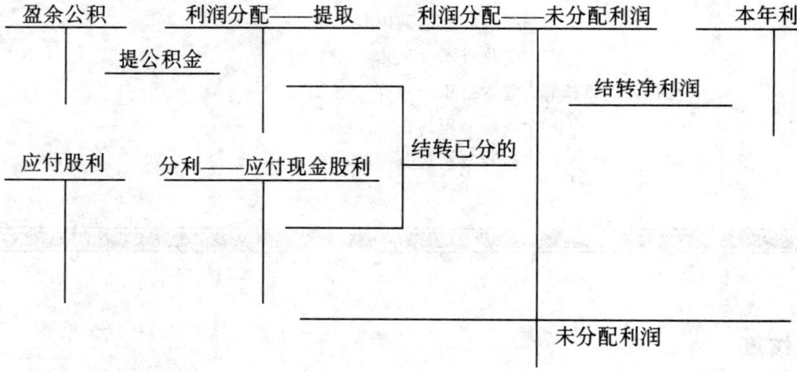

2. 盈余公积的内容和核算

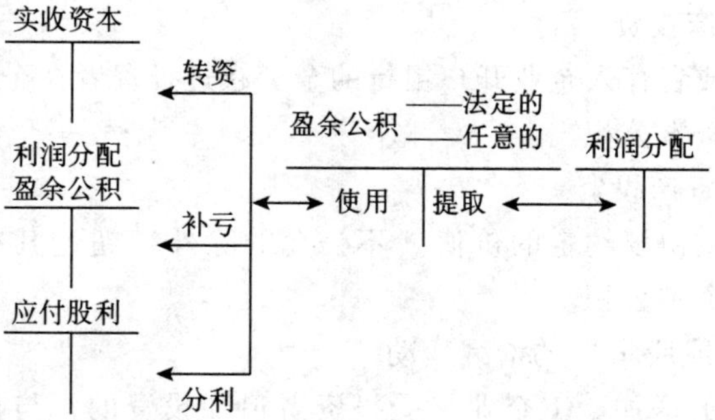

二、借款核算

（一）短期借款

1. 取得短期借款时

借：银行存款

　　贷：短期借款

2. 按期计提短期借款利息时

利息按季或半年结算，金额较大时，应按月预提；利息按月结算，或按季、半年结算且金额较小时，可于实际付息时计入当期“财务费用”。

借：财务费用

　　贷：应付利息（或银行存款）

3. 到期偿还短期借款本息时

借：短期借款

　　应付利息

　　贷：银行存款

（二）长期借款

1. 取得长期借款时

借：银行存款

　　贷：长期借款——本金

2. 按期计提长期借款利息时

借：管理费用（属于筹建期间的利息）

　　财务费用（属于生产经营期间和按规定不予资本化的利息，以及为购建固定资产，在其达到预定可使用状态后的利息支出）

　　在建工程（借款用于购建固定资产的，在固定资产尚未达到预定可使用状态前，所发生的应当资本化的利息）

　　研发支出

　　生产成本等

　　贷：应付利息

3. 到期还本付息时

借：长期借款——本金

　　应付利息

　　贷：银行存款

三、应付债券

（一）债券发行的核算

债券发行有面值发行、溢价发行和折价发行 3 种情况。

（二）债券利息的核算

按面值发行的债券，对于分期付息、到期一次还本的债券，其按票面利率计算确定的应付未付利息通过“应付利息”科目核算；对于一次还本付息的债券，其按票面利率计算确定的应付未付利息通过“应付债券——应计利息”科目核算。

■ 同步练习题

一、单项选择题

1. 按公司法规定，法定盈余公积可不再提取时，意味着法定盈余公积累计额已达到注册资本的（　　）。

A. 10%　　B. 20%

C. 25%　　D. 50%

2. 按规定，资本公积的主要用途是（　　）。

A. 转增资本　　B. 派发现金股利

C. 职工集体福利　　D. 弥补以前年度亏损

3. 下列各项，能够引起企业所有权益减少的是（　　）。

A. 以资本公积转增资本

B. 盈余公积弥补以前年度亏损

C. 从净利润中提取法定盈余公积

D. 股东大会审议通过利润分配方案宣告派发现金股利

4. 下列各项中，会引起留存收益总额发生增减变动的是（　　）。

A. 盈余公积补亏　　B. 用税后利润补亏

C. 资本公积转增资本　　D. 盈余公积转增资本

5. 对有限责任公司而言，如有新投资者介入，新介入的投资者缴纳的出资额大于其按约定比例计算的其在注册资本中所占的份额部分，应计入（　　）科目。

A. 实收资本　　B. 盈余公积

C. 资本公积　　D. 营业外收入

6. 上市公司发生的下列交易或事项中，会引起上市公司所有权益总额发生增减变动的是（　　）。

A 注销库存股　　B. 发放股票股利

C. 应付账款获得债权人豁免　　D. 以本年利润弥补以前年度亏损

7. 股份有限公司以银行存款回购本公司股票时，应借记（　　）。

A. 股本　　B. 库存股

C. 资本公积　　D. 银行存款

8. 某企业年初未分配利润为100万元，本年净利润为1 000万元，按10%计提法定盈余公积，按5%计提任意盈余公积，宣告发放现金股利为80万元，经过上述分配后该企业未分配利润为（　　）万元。

A. 855　　B. 867

C. 870　　D. 874

9. 某企业2018年1月1日所有者权益情况如下：实收资本200万元，资本公积17万元，盈余公积38万元，未分配利润32万元。则该企业2018年1月1日留存收益为（　　）万元。

A. 32　　B. 38

C. 70　　D. 87

10. 企业接受B公司投入一批原材料，投资合同约定该批材料的价值为100万元，B公司在本企业注册资本中享有的份额为80万元。增值税专用发票注明该批材料的增值税为17万元，企业以银行存款支付该批材料的运杂费5万元。企业接受B公司投入原材料产生的资本公积为（　　）万元。

A. 20　　B. 25

C. 37　　D. 42

11. 核算短期借款利息时，不会涉及的会计科目是（　　）。

A. 应付利息　　B. 财务费用

C. 银行存款　　D. 短期借款

12. 下列对长期借款利息费用的会计处理，错误的是（　　）。

A. 筹建期间的借款利息计入管理费用

B. 筹建期间的借款利息计入长期待摊费用

C. 日常生产经营活动的借款利息计入财务费用

D. 符合资本化条件的借款利息计入相关资产成本

13. A公司2018年7月1日向银行借入资金60万元，期限为6个月，年利率为6%，到期还本，按月计提利息，按季付息。该企业2018年7月31日应计的利息是（　　）万元。

A. 0.3　　B. 0.6

C. 0.9　　D. 3.6

14. 2017年7月1日，A企业按面值发行3年期、到期一次还本付息、年利率6%（不计复利）、面值为5 000万元的债券。2018年12月31日“应付债券”科目的账面余额为（　　）万元。

A. 5 000　　B. 5 150

C. 5 450　　D. 5 600

15. A公司于2018年1月1日从银行借入资金800万元，借款期限为2年，年利率为6%，利息从2018年开始每年年初支付，到期时归还本金及最后一年利息。所借款项已存入银行。2018年12月31日该长期借款的账面价值为（　　）万元。

A. 48　　B. 800

C. 848　　D. 896

16. 某公司年初所有者权益总额160万元，当年以其中的资本公积转增资本50万元，当年实现净利润300万元，提取盈余公积30万元，向投资者分配利润20万元，该公司年末所有者权益总额为（　　）万元。

A. 360　　B. 410

C. 440　　D. 460

17. 某上市公司发行普通股1 000万股，每股面值1元，每股发行价格5元，支付手续费30万元，支付咨询费50万元。该公司发行普通股计入股本的金额（　　）万元。

A. 1 000　　B. 4 920

C. 4 980　　D. 5 000

18. 某公司2018年7月1日按面值发行5年期债券200万元，该债券到期一次还本付息，票面年利率为5%，实际利率也为5%，该公司2018年应确认的财务费用为（　　）万元。

A. 0　　B. 5

C. 10　　D. 50

19. 乙股份有限公司委托甲证券公司发行普通股，股票面值总额4 000万元，发行总额16 000万元，发行费按发行总额的2%计算（不考虑其他因素），股票发行净收入全部收到。乙股份有限公司该笔业务记入“资本公积”科目的金额为（　　）万元。

A. 4 000　　B. 11 680

C. 11 760　　D. 12 000

20. 企业用当年实现的利润弥补亏损时，应作的会计处理是（　　）。

A. 无需专门作会计处理

B. 借记“利润分配——未分配利润”科目，贷记“本年利润”科目

C. 借记“本年利润”科目，贷记“利润分配——未分配利润”科目

D. 借记“利润分配——未分配利润”科目，贷记“利润分配——未分配利润”科目

二、多项选择题

1. 下列各项，属于企业留存收益的有（　　）。

A. 资本公积　　B. 未分配利润

C. 法定盈余公积　　D. 任意盈余公积

2. 下列事项中，不会引起股份有限公司所有者权益总额发生增减变动的有（　　）。

A. 分配股票股利　　B. 宣告派发现金股利

C. 用盈余公积弥补亏损　　D. 用资本公积转增资本

3. 下列事项中，可能引起资本公积发生变动的有（　　）。

A. 宣告发放现金股利

B. 经批准将资本公积转增资本

C. 直接计入所有者权益的利得

D. 投资者投入的资金大于其按约定比例在注册资本中享有的份额

4. 留存收益的用途，包括（　　）。

A. 转增资本　　B. 派发现金股利

C. 职工集体福利　　D. 弥补以前年度亏损

5. 企业吸收投资者出资时，下列会计科目的余额可能发生变化的有（　　）。

A. 盈余公积　　B. 利润分配

C. 实收资本　　D. 资本公积

6. 下列事项中，可引起“实收资本（或股本）”账户发生增减变动的有（　　）。

A. 按法定程序减资　　B. 用盈余公积弥补亏损
C. 接受投资者投入固定资产　　D. 经批准将资本公积转增资本

7. 下列各项中，属于所有者权益的有（　　）。
A. 坏账准备　　B. 库存股
C. 资本公积——资本溢价　　D. 盈余公积——任意盈余公积

8. 下列各项，可能引起资本公积发生变动的有（　　）。
A. 注销库存股
B. 接受固定资产捐赠
C. 用盈余公积转增资本
D. 长期股权投资采用权益法核算，被投资单位除实现净损益外所有者权益的其他变动

9. 下列各项中，能同时引起资产和所有者权益发生增减变化的有（　　）。
A. 接受现金捐赠　　B. 实际发放现金股利
C. 用盈余公积弥补亏损　　D. 接受投资者投入资本

10. 影响可供分配利润项目的因素有（　　）。
A. 其他转入　　B. 当年实现的净利润
C. 年初未分配利润　　D. 提取法定盈余公积

11. "应付债券"账户的贷方反映的内容有（　　）。
A. 债券的面值
B. 债券发行时产生的债券折价
C. 债券发行时产生的债券溢价
D. 期末计提到期一次还本付息应付债券利息

12. "应付债券"账户的借方反映的内容有（　　）。
A. 归还债券本金　　B. 债券溢价的摊销
C. 债券折价的摊销　　D. 期末计提应付债券利息

13. 下列长期借款利息费用的会计处理，正确的有（　　）。
A. 筹建期间的利息计入管理费用
B. 筹建期间的利息计入长期待摊费用
C. 符合资本化条件的借款利息计入相关资产的成本
D. 日常生产经营活动的借款利息计入相关资产的成本

14. 企业生产经营期间按面值发行债券，按期计提利息时，可能涉及的会计科目有（　　）。
A. 财务费用　　B. 在建工程
C. 应付债券　　D. 长期待摊费用

15. 企业发生的下列各项利息支出，应该计入财务费用的有（　　）。
A. 应付债券的利息　　B. 短期借款的利息
C. 带息应付票据的利息　　D. 筹建期间的长期借款利息

16. 下列各项中，能够引起企业留存收益总额发生变动的有（　　）。
A. 本年度实现的净利润　　B. 提取法定盈余公积

C. 用盈余公积转增资本　　　　　　D. 向投资者宣告分配现金股利

17. 股份有限公司采用收购本公司股票方式减资的，下列说法中正确的有（　　）。

A. 按所注销库存股的账面余额减少库存股

B. 按股票面值和注销股数计算的股票面值总额减少股本

C. 按股票面值和注销股数计算的股票面值总额减少库存股

D. 购回股票支付的价款低于面值总额的，应按股票面值总额，借记“实收资本”科目或“股本”科目，按所注销库存股的账面余额，贷记“库存股”科目，按其差额，贷记“资本公积——股本溢价”科目

18. 下列项目中，仅引起所有者权益结构发生变动的有（　　）。

A. 分配股票股利　　　　　　B. 宣告分配现金股利

C. 用盈余公积弥补亏损　　　　D. 用盈余公积转增资本

三、判断题

1. 由于所有者权益和负债都是对企业资产的要求权，因此它们的性质是一样的。（　　）

2. 用法定公盈余公积转增资本或弥补亏损时，均不会导致所有者权益总额发生变动。（　　）

3. 用盈余公积转增资本不影响所有者权益总额的变化，但会使企业净资产减少。（　　）

4. 当企业投资者投入的资金高于其享有的注册资本份额时，应当将高出部分计入营业外收入。（　　）

5. 企业接受非现金资产投资时，非现金资产应按投资合同约定的价值入账（合同约定的价值不公允的除外）。（　　）

6. 企业不能用盈余公积分配现金股利。（　　）

7. 企业资本公积金的唯一用途是转增资本。（　　）

8. “库存股”属于所有者权益性质的账户，回购本公司股份时，表明企业的所有者权益减少。（　　）

9. 企业注销库存股时，若库存股金额大于注销的股本金额，其差额应先冲减“资本公积——资本溢价”，“资本公积——资本溢价”不足冲减的依次冲减“盈余公积”和“未分配利润”。（　　）

10. 企业利润分配账户有年初借方余额10万元，当年实现净利润30万元，按10%的比例计提法定盈余公积金，则当年应计提法定盈余公积金3万元。（　　）

11. 短期借款利息在预提或实际支付时均应通过“短期借款”科目核算。（　　）

12. 企业在计算长期借款利息时，应该按照实际利率确认应该支付的利息。（　　）

13. 处置采用权益法核算的长期股权投资，还应结转原记入资本公积的相关金额，借记或贷记“资本公积（其他资本公积）”科目，贷记或借记“资本公积（资本溢价或股本溢价）”科目。（　　）

14. 企业不能用盈余公积扩大生产经营。（　　）

15. 企业接受的原材料投资，其增值税额不能计入实收资本。（　　）

16. 收入能导致企业所有者权益增加，但导致所有者权益增加的不一定都是收入。（　）

17. 企业以盈余公积向投资者分配现金股利，不会引起留存收益总额的变动。（　）

18. 未分配利润的数额等于企业当年实现的税后利润加上年初未分配利润。（　）

19. 企业董事会或类似机构通过的利润分配方案中拟分配的现金股利或利润，应确认为应付股利。（　）

20. 利润分配是指企业根据国家有关规定和投资者的决议，对企业当年可供分配的利润所进行的分配。企业本年实现的净利润加上年初未分配利润（或减年初未弥补亏损）和其他转入后的余额，为可供分配的利润。（　）

四、业务综合题

（一）红光公司2018年利润分配账户有年初借方余额100万元，当年该公司实现净利润60万元。红光公司董事会提出的经股东大会审议通过的利润分配方案如下：

1. 当年实现的净利润用于弥补以前年度的亏损；
2. 动用盈余公积40万元弥补当年净利润弥补后尚未弥补的以前年度亏损；
3. 动用盈余公积金30万元向股东派发现金股利；
4. 动用盈余公积金50万元向股东派发股票股利，由此增加企业股本金40万元。

要求：根据以上资料，编制有关会计分录。

（二）恒运公司2018年1月10日向银行借入150 000元，期限6个月，年利率6%。该借款到期后期如数归还，利息分月预提，利息于每季度最后一个月的22日支付。

要求：编制借入款项、按月预提利息、按合同约定支付利息和到期时归还本息的会计分录。

（三）中和公司于2017年7月1日发行3年期、到期时一次还本付息、年利率为6%（不计复利）、发行面值总额为2 000万元的债券。该债券按面值发行。发行债券所筹资金全部用于建造固定资产，工程项目于2018年6月30日达到预定可使用状态。

要求：编制与债券相关的会计分录。

五、不定项选择题

（一）兴华公司由甲投资者和乙投资者共同出资成立，注册资本200 000元，各占50%的股份。经营两年后，甲投资者和乙投资者决定增加公司资本，新的投资者丙要求加入该公司。经有关部门批准后，该公司实施增资，将注册资本增加到300 000元。经三方协商，完成增资后，三方投资者各拥有华兴公司100 000元资本金份额。各投资者的出资情况如下：

（1）甲投资者在公司设立时以一台设备投入该公司作，该设备原价180 000元，已提折旧85 000元，经评估的价值为126 000元。

（2）乙投资者在公司设立时以一批原材料投入该公司，该批材料原账面价值105 000元，投资评估的价值为110 000元，税务部门认定的增值税额为18 700元。乙投资者开具了增值税专用发票给该公司。

(3) 投资者丙在公司增资时以银行存款190 000元投入该公司。

要求：根据上述资料，不考虑其他因素，分析回答下列第1~6小题。

1. 兴华公司接受甲投资者投入的设备的入账价值是（　　）元。

A. 41 000　　B. 95 000

C. 126 000　　D. 180 000

2. 兴华公司接受乙公司投入的原材料入账价值是（　　）元。

A. 91 300　　B. 105 000

C. 110 000　　D. 128 700

3. 兴华公司接受丙公司投资以下处理正确的是（　　）。

A. 增加资本公积90 000元　　B. 增加银行存款190 000元

C. 增加实收资本190 000元　　D. 增加实收资本100 000元

4. 兴华公司接受投资，以下说法正确的是（　　）。

A. 接受甲投资者投入的设备时应增加实收资本100 000元

B. 接受乙投资者投入的原材料时增加实收资本110 000元

C. 接受甲公司投资投入的设备入账价值应考虑计提的折旧

D. 接受乙投资者投入的原材料增加增值税进项税额18 700元

5. 下列关于接受投资者投资，以下说法正确的是（　　）。

A. 投资者初始投资比例决定追加投资比例

B. 投资者初始投资比例决定投资分红比例

C. 投资者初始投资比例与追加投资比例无关

D. 投资者初始投资比例与投资分红比例无关

6. 按规定，资本公积的用途是（　　）。

A. 弥补亏损　　B. 转增资本

C. 派发现金股利　　D. 职工集体福利

（二）B公司2017年1月1日的所有者权益为2 000万元（其中：股本为1 500万元，资本公积为100万元，盈余公积为100万元，未分配利润为300万元）。B公司2017年实现净利润为200万元，按实现净利润的10%提取法定盈余公积。2018年B公司发生亏损50万元，用以前年度的未分配利润每股分派现金股利0.1元，每10股分派股票股利1股。

要求：根据上述资料，不考虑其他因素，分析回答下列第1~6小题。(答案中金额单位用万元表示)

1. 针对2017年的业务，下列各项中，会计处理正确的是（　　）。

A. 结转2017年实现净利润的会计分录：

借：本年利润　　200

　　贷：利润分配——未分配利润　　200

B. 2017年提取盈余公积：

借：利润分配——提取法定盈余公积　　20

　　贷：盈余公积——法定盈余公积　　20

C. 2017 年 12 月 31 日未分配利润余额为 500 万元

D. 2017 年 12 月 31 日所有者权益总额为 2 200 万元

2. 对于 2018 年的业务，下列各项中，会计处理正确的是（ ）。

A. 结转 2018 年发生亏损的会计分录：

借：利润分配——未分配利润 50
　　贷：本年利润 50

B. 2018 年宣告分配现金股利的会计分录：

借：利润分配——应付现金股利 150
　　贷：应付股利 150

C. 2018 年宣告分配股票股利时的会计分录：

借：利润分配——转作股本的股利 150
　　贷：股本 150

D. 结转利润分配的会计分录：

借：利润分配——未分配利润 300
　　贷：利润分配——应付现金股利 150
　　　　　　　　——转作股本的股利 150

3. 2018 年 12 月 31 日，下列各项目金额正确的是（ ）。

A. 股本为 1 500 万元　　B. 盈余公积为 120 万元

C. 未分配利润为 130 万元　　D. 所有者权益总额为 2 000 万元

4. 留存收益是指（ ）。

A. 股本　　B. 盈余公积

C. 未分配利润　　D. 所有者权益总额

5. 下列不会影响所有者权益总额发生变化的是（ ）。

A. 盈余公积补亏　　B. 盈余公积转增资本

C. 资本公积转增资本　　D. 提取法定盈余公积

6. 下列各项中，属于所有者权益的有（ ）。

A. 库存股　　B. 盈余公积

C. 资本公积　　D. 未分配利润

11 学习情境十一 会计报表的编制

内容概要

会计报表的编制
- 会计报表的定义及构成
- 会计报表的分类及编制要求
- 资产负债表的编制
- 利润表的编制
- 现金流量表的编制
- 所有者权益变动表的编制
- 会计报表附注的编制

学习内容

一、会计报表概述

(1) 会计报表定义：会计报表是根据日期间经营成果、现金流量的总结性书面文件。它是企业财务报告的主要部分，是企业向外传递会计信息的主要手段。

(2) 会计报表的分类：

按照会计报表的报送对象，分为对外会计报表和对内会计报表。

按照会计报表反映财务活动方式的不同，分为静态会计报表和动态会计报表。

按照会计报表编制范围的不同，分为个别会计报表和合并会计报表。

按照会计报表的编报时间，分为月报、季报和年报。

按照会计报表的编制单位，分为单位报表和汇总报表。

按照会计报表的主从关系，分为基本报表和附属报表等。

(3) 对外会计报表的主要构成：资产负债表、利润表、现金流量表、所有者权益变动表和附注。

(4) 会计报表的编制原则：真实可靠，全面完整，前后一致，编报及时，相关可比，便于理解。

（5）会计报表的编制基础：持续经营。

（6）会计报表的基本结构：表头（报表的编号、报表的名称、编表单位名称、编制日期、货币单位）、主表、附表、签章（企业公章、企业法人章、总会计师章、财务负责人章、复核人章、制表人章）。

二、资产负债表

资产负债表是综合反映企业某一特定日期财务状况的报表。

（1）格式和结构：资产负债表由表头、表身和表尾等部分组成。格式主要有报告式和账户式两种。我国采用账户式结构。

（2）编制数据来源：明细账和总账期末余额。

三、利润表

利润表是反映企业在一定会计期间经营成果的报表。

（1）格式和结构：利润表的格式有单步式和多步式。我国采用多步式结构。

（2）数据来源：损益账发生额的累计数。

四、现金流量表

现金流量表是反映一定时期内（如月度、季度或年度）企业经营活动、投资活动和筹资活动对其现金及现金等价物所产生影响的财务报表。

（1）结构：现金流量表分为主表和附表（即补充资料）两大部分。

（2）编制基础：收付实现制。

（3）编制方法：主表采用直接法编制，附表采用间接法编制。

五、所有者权益变动表

所有者权益变动表是反映公司本期（年度或中期）内所有者权益变动情况的报表。

（1）结构：我国所有者权益变动表采用矩阵的形式列示。

（2）数据来源：所有者权益账户本期发生额累计数。

六、会计报表附注

会计报表附注是为便于会计报表使用者理解会计报表的内容而对会计报表的编制基础、编制依据、编制原则和方法及主要事项等所作的解释，是对会计报表本身无法或难以充分表达的内容所作的补充说明。报表附注是财务报表不可或缺的组成部分，主要内容包括：

（1）企业的基本情况介绍。

（2）会计报表的编制基础。

（3）遵循《企业会计准则》的声明。

（4）企业的重要会计政策、会计估计及其变更的说明。

（5）会计报表重要项目的说明。

（6）有助于理解企业财务状况和经营成果的其他信息。

同步练习题

一、单项选择题

1. 会计报表的基本结构组成中不包括（　　）。

A. 表头　　B. 主表

C. 附表　　D. 尾注

2. 财务报表某项目的省略或错报会影响使用者据此做出经济决策的，是指该项目具有（　　）。

A. 一致性　　B. 重要性

C. 可比性　　D. 及时性

3. 中期财务报告，是指以中期为基础编制的财务报告。以下项目中不属于中期财务报告的是（　　）。

A. 月报　　B. 季报

C. 年报　　D. 半年报

4. 下列关于资产负债表的表述中，正确的是（　　）。

A. 属于内部报表

B. 属于动态报表

C. 反映企业某一特定时期财务状况的报表

D. 资产负债表是反映企业某一特定日期（如月末、季末、年末等）财务状况的报表

5. 下列关于利润表的表述中，正确的是（　　）。

A. 属于内部报表

B. 属于静态报表

C. 反映企业某一特定时期财务状况的报表

D. 利润表是反映企业在一定时期的经营成果及其分配情况的会计报表

6. “预付账款”明细账中若有贷方余额，应将其计入资产负债表中的（　　）项目。

A. 应收账款　　B. 预收账款

C. 应付账款　　D. 预付账款

7. 资产负债表中的“未分配利润”项目，应根据（　　）填列。

A. “利润分配”科目余额

B. “本年利润”科目余额

C. “未分配利润”明细科目余额

D. “本年利润”和“利润分配”科目的余额计算后

8. 甲公司2012年1月29日购入一项无形资产，该无形资产的实际成本为1 500万元，摊销年限为10年，无残值。2016年12月31日，该无形资产发生减值，预计可收回金额540万元，计提减值准备后，该无形资产原摊销年限不变。2017年12月31日资

产负债表中的“无形资产”项目填列的金额为（ ）万元。

A. 432　　B. 540

C. 600　　D. 642

9. 某企业“应付账款”总账月末贷方余额40 000元，其中：“甲公司”明细账贷方余额35 000元，“乙公司”明细账贷方余额5 000元；“预付账款”总账月末借方余额30 000元，其中：“A厂”明细账借方余额50 000元，“B厂”明细账贷方余额20 000元。该企业月末资产负债表中“应付账款”项目的金额为（ ）元。

A. 30 000　　B. 40 000

C. 60 000　　D. 70 000

10. 某企业2017年12月31日固定资产总账余额2 000万元，累计折旧总账余额800万元，固定资产减值准备总账余额100万元。该企业2017年12月31日资产负债表中固定资产项目填列的金额为（ ）万元。

A. 1 100　　B. 1 900

C. 1 200　　D. 2 000

11. 某月末企业“应收账款”总账借方余额400万元，其中：“甲公司”明细账借方余额450万元，“乙公司”明细账贷方余额50万元；“预收账款”总账贷方余额300万元，其中：“A厂”明细账贷方余额500万元，“B厂”明细账借方余额200万元。“坏账准备——应收账款”明细账贷方余额20万元，“坏账准备——其他应收款”明细账贷方余额10万元。该企业月末资产负债表中“应收账款”项目应填列的金额为（ ）万元。

A. 380　　B. 430

C. 570　　D. 630

12. 编制资产负债表时，应根据总账科目和明细科目余额分析计算填列的项目是（ ）。

A. 存货　　B. 长期借款

C. 应收账款　　D. 短期借款

13. 资产负债表中资产的排列顺序是（ ）。

A. 项目收益性　　B. 项目重要性

C. 项目流动性　　D. 项目时间性

14. 以下项目中，属于资产负债表中流动负债项目的是（ ）。

A. 长期借款　　B. 应付债券

C. 应付股利　　D. 长期应付款

15. 下列项目在资产负债表中只需要根据某一个总分类账户就能填列的项目是（ ）。

A. 应收账款　　B. 短期借款

C. 预付账款　　D. 预收账款

16. 下列资产负债表项目中，应根据多个总账余额计算填列的是（ ）。

A. 存货　　B. 盈余公积

C. 应付账款　　D. 长期借款

17. 乙企业“原材料”科目借方余额150万元，“生产成本”科目借方余额200万元，“材料采购”科目借方余额50万元，“材料成本差异”科目贷方余额30万元，该企业期末资产负债表中“存货”项目应填列的金额为（　　）万元。

A. 370　　B. 390

C. 420　　D. 520

18. 某企业期末“工程物资”科目借方余额100万元，“发出商品”科目借方余额80万元，“原材料”科目借方余额100万元，“材料成本差异”科目借方余额10万元。该企业资产负债表中“存货”项目的金额为（　　）万元。

A. 180　　B. 190

C. 280　　D. 290

19. 某企业2015年4月1日从银行借入期限为3年的长期借款400万元，编制2017年12月31日资产负债表时，此项借款应填入的报表项目是（　　）。

A. 短期借款　　B. 长期借款

C. 其他长期负债　　D. 一年内到期的非流动负债

20. 下列科目的期末余额，不影响企业资产负债表中“固定资产”项目填列金额的是（　　）。

A. 固定资产　　B. 累计折旧

C. 固定资产清理　　D. 固定资产减值准备

21. 下列项目属于资产负债表中非流动负债的是（　　）。

A. 预收账款　　B. 应付债券

C. 应付职工薪酬　　D. 一年内到期的非流动负债

22. 下列项目中，应按减去其备抵科目后的余额填列的是（　　）。

A. 货币资金

B. 应付票据

C. 无形资产

D. 以公允价值计量且其变动计入当期损益的金融资产

23. 下列项目中不属于资产类项目中的是（　　）。

A. 预收账款　　B. 长期待摊费用

C. 预付账款　　D. 递延所得税资产

24. 公司2018年主营业务收入6 000万元，主营业务成本4 000万元，税金及附加60万元，销售费用200万元，管理费用300万元，财务费用70万元，资产减值损失20万元，公允价值变动收益10万元，投资收益40万元，营业外收入5万元，营业外支出3万元。则该公司2018年营业利润为（　　）万元。

A. 1 370　　B. 1 360

C. 1 400　　D. 1 402

25. 我国企业利润表采用的结构是（　　）利润表。

A. 单步式　　B. 多步式

C. 报告式　　D. 账户式

26. 下列各项中，不在利润表“税金及附加”中反映的是（　　）。

A. 消费税　　　　　　　　　　　　　B. 资源税

C. 增值税　　　　　　　　　　　　　D. 城市维护建设税

27. 企业一定期间的净利润是指（　　）。

A. 营业利润加投资收益

B. 营业利润加营业外收支净额

C. 营业利润加公允价值变动净收益

D. 营业利润加营业外收支净额减所得税费用

28. 下列属于静态报表的是（　　）。

A. 利润表　　　　　　　　　　　　　B. 资产负债表

C. 现金流量表　　　　　　　　　　　D. 所有者权益变动表

29. 利润表是根据损益类账户的（　　）填列的。

A. 期初余额　　　　　　　　　　　　B. 期末余额

C. 账面价值　　　　　　　　　　　　D. 累计发生额

30. 下列经济业务所产生的现金流量中，属于“经营活动产生的现金流量”的是（　　）。

A. 变卖固定资产所产生的现金流量

B. 偿还债务所产生的现金流量

C. 支付经营租赁费用所产生的现金流量

D. 取得债券利息收入所产生的现金流量

31. 引起现金流量净额变动的项目是（　　）。

A. 将现金存入银行　　　　　　　　　B. 用固定资产抵偿债务

C. 用银行存款清偿 20 万元的债务　　D. 用银行存款购买 1 个月到期的国债

32. 某企业当期净利润为 600 万元，投资收益为 100 万元，与筹资活动有关的财务费用为 50 万元，经营性应收项目增加 75 万元，经营性应付项目减少 25 万元，固定资产折旧为 40 万元，无形资产摊销为 10 万元。假设没有其他影响经营活动现金流量的项目，该企业当期经营活动产生的现金流量净额为（　　）万元。

A. 400　　　　　　　　　　　　　　B. 450

C. 500　　　　　　　　　　　　　　D. 650

33. 甲企业本期支付离退休人员工资 30 万元，支付离退休人员活动费 5 万元，支付在建工程人员工资 6 万元；支付广告费 200 万元，支付生产车间经营租金 25 万元，支付本企业财产保险费 60 万元；支付业务招待费 2 万元；执行法院判决，支付购买商品的欠款 500 万元，支付合同违约金 8 万元；发生坏账 10 万元；支付利息 56 万元；支付购买股票款 90 万元。上述支出中，现金流量表“支付的其他与经营活动有关的现金”项目列示的金额是（　　）万元。

A. 330　　　　　　　　　　　　　　B. 340

C. 430　　　　　　　　　　　　　　D. 830

34. 企业购买股票所支付价款中包含的已经宣告但尚未领取的现金股利，在现金流量表中应计入的项目是（　　）。

A. 投资所支付的现金

B. 支付的其他与经营活动有关的现金

C. 支付的其他与投资活动有关的现金

D. 分配股利、利润或偿付利息所支付的现金

35. 以下不属于投资活动的现金流量的是（　　）。

A. 支付长期借款的利息

B. 支付无形资产购买款

C. 收回作为交易性金融资产核算的股票投资时已宣告分配未领取的现金股利

D. 收回作为交易性金融资产核算的债券投资时已到付息期但尚未领取的债券利息

36. 处置固定资产收到的现金属于（　　）。

A. 经营活动的现金流量　　B. 投资活动的现金流量

C. 筹资活动的现金流量　　D. 不影响现金流量增减

37. 企业编制现金流量表将净利润调节为经营活动现金流量时，在净利润基础上调整减少的项目是（　　）。

A. 存货的减少　　B. 无形资产摊销

C. 应收账款的增加　　D. 经营性应付项目的增加

38. A公司应付职工薪酬年初余额100万元，本年计入生产成本、制造费用、管理费用中职工薪酬为160万元，应付职工薪酬期末余额150万元，则“支付给职工以及为职工支付的现金”项目的金额为（　　）万元。

A. 100　　B. 110

C. 150　　D. 160

39. 甲公司2018年度发生的管理费用为3 300万元，其中：以现金支付购买办公用品支出525万元，管理人员薪酬1 425万元，存货盘亏损失37.5万元，计提固定资产折旧630万元，计提无形资产摊销525万元，其余均以现金支付。假定不考虑其他因素，甲公司2018年度现金流量表中“支付的其他与经营活动有关的现金”项目的金额为（　　）万元。

A. 682.5　　B. 722.7

C. 2 147.7　　D. 3 300

40. 支付的在建工程人员的工资属于（　　）产生的现金流量。

A. 筹资活动　　B. 经营活动

C. 汇率变动　　D. 投资活动

41. 编制现金流量表时，企业的罚款收入应在（　　）项目反映。

A. “销售商品、提供劳务收到的现金”

B. “购买商品、接受劳务支付的现金”

C. “支付的其他与经营活动有关的现金”

D. “收到的其他与经营活动有关的现金”

42. 在下列事项中，（　　）不影响企业的现金流量。

A. 取得短期借款　　B. 支付现金股利

C. 偿还长期借款　　D. 以固定资产对外投资

43. 企业偿还的长期借款利息，在编制现金流量表时，应作为（　　）项目填列。

A. 偿还债务所支付的现金

B. 偿还借款所支付的现金

C. 支付其他与筹资活动有关的现金

D. 分配股利、利润或偿付利息所支付的现金

44. 某企业 2018 年主营业务收入为 1 000 万元，增值税销项税额为 170 万元，应收账款的年初数是 150 万元，期末数是 120 万元，预收账款的年初数为 50 万元，期末数为 30 万元。根据上述资料，不考虑坏账准备的情况下，该企业 2018 年“销售商品、提供劳务收到的现金”项目应填列的金额为（　　）万元。

A. 1 010　　B. 1 030

C. 1 170　　D. 1 180

45. 下列经济业务所产生的现金流量中，属于“投资活动产生的现金流量”的是（　　）。

A. 支付的各项税费　　B. 吸收投资收到的现金

C. 当期收到的现金股利　　D. 取得借款收到的现金

46. 下列对会计报表进行详细解释和补充说明的是（　　）。

A. 利润表　　B. 资产负债表

C. 现金流量表　　D. 会计报表附注

47. 一般情况下，正常经营的企业编制财务报表的基础是（　　）。

A. 清算基础　　B. 持续经营

C. 破产基础　　D. 重组基础

48. 下列项目中不属于会计报表附注的编制内容的是（　　）。

A. 企业的基本情况介绍　　B. 会计报表的编制基础

C. 会计报表重要项目的说明　　D. 资产负债表各项目的具体金额

49. 报表附注是对会计报表的编制基础、（　　）、编制原则和方法及主要事项所进行的解释和说明。

A. 编制依据　　B. 编制技巧

C. 编制目的　　D. 编制要求

50. 以下不属于会计报表附注反映的内容的是（　　）。

A. 或有事项　　B. 报表所有项目的说明

C. 关联方关系及其交易　　D. 重要会计政策和会计估计

二、多项选择题

1. 会计报表的作用主要有以下几个方面（　　）。

A. 为财务人员核对账目

B. 为投资人做投资决策提供必要的信息资料

C. 为国家有关部门进行宏观经济调控提供必要的信息资料

D. 为债权人了解企业资金运转情况，短期偿债能力和支付能力提供必要的信息资料

2. 会计报表是对企业（　　）的总结性书面文件。

A. 资产状况　　B. 经营成果
C. 现金流量　　D. 财务状况

3. 动态报表，是综合反映企业在一定时期经营成果、所有者权益以及现金流量情况的报表，包括（　　）。
A. 利润表　　B. 资产负债表
C. 现金流量表　　D. 所有者权益变动表

4. 按照会计报表报送时间的不同，可以分为（　　）。
A. 年报　　B. 月报
C. 季报　　D. 半年报

5. 会计报表编制的基本要求包括（　　）。
A. 重要性　　B. 一致性
C. 及时性　　D. 以持续经营为编制基础

6. 应披露内容要求，企业应当在会计报表的显著位置披露（　　）内容。
A. 编报企业的名称
B. 人民币金额单位
C. 资产负债表日或财务报表涵盖的会计期间
D. 财务报表是合并财务报表的，应当予以标明

7. 企业编制的会计报表必须满足下列要求（　　）。
A. 数字真实　　B. 计算准确
C. 内容完整　　D. 编报及时

8. 资产负债表的作用主要表现为（　　）。
A. 反映企业所有者权益的构成情况
B. 使报表使用者了解企业财务状况的全貌
C. 反映企业某一特定日期的负债总额及其结构
D. 反映企业某一特定日期的资产总额及其构成情况

9. 资产负债表中“应收账款”项目应根据（　　）填列。
A. 应收账款总账科目借方余额　　B. 预收账款所属明细账借方余额合计
C. 应收账款所属明细账借方余额合计　　D. 与应收账款有关的坏账准备的贷方余额

10. 资产负债表中“存货”项目的金额，应根据（　　）账户的余额分析填列。
A. 材料采购　　B. 生产成本
C. 发出商品　　D. 材料成本差异

11. 资产负债表中的应付账款项目应根据（　　）填列。
A. 应付账款总账余额　　B. 应付账款所属明细账借方余额合计
C. 应付账款所属明细账贷方余额合计　　D. 预付账款所属明细账贷方余额合计

12. 下列各项中，应作为资产负债表中资产列报的有（　　）。
A. 在途物资　　B. 委托加工物资
C. 融资租入固定资产　　D. 经营租入固定资产

13. 下列资产负债表项目中，根据总账科目余额直接填列的有（　　）。
A. 存货　　B. 实收资本

C. 短期借款　　　　　　　　D. 应收账款

14. 资产负债表中“一年内到期的非流动负债”项目应当根据下列科目贷方余额分析填列的有（　　）。

A. 长期借款　　　　　　　　B. 应付债券

C. 应付账款　　　　　　　　D. 长期应付款

15. 资产负债表的格式有（　　）。

A. 单步式　　　　　　　　B. 报告式

C. 多步式　　　　　　　　D. 账户式

16. 下列项目中，属于资产负债表中“流动资产”项目的有（　　）。

A. 存货　　　　　　　　B. 应收票据

C. 预收款项　　　　　　　　D. 预付款项

17. 资产负债表的资料来源有（　　）。

A. 总账余额　　　　　　　　B. 明细账余额

C. 银行对账单　　　　　　　　D. 备查登记簿记录

18. 填列资产负债表中项目时，需要考虑“坏账准备”科目明细余额的有（　　）。

A. 应收账款　　　　　　　　B. 应收票据

C. 应收利息　　　　　　　　D. 其他应收款

19. 利润表项目中，需要根据报表项目金额计算填列的有（　　）。

A. 营业收入　　　　　　　　B. 营业成本

C. 营业利润　　　　　　　　D. 利润总额

20. 利润表的基本结构包括（　　）。

A. 单步式　　　　　　　　B. 矩阵式

C. 账户式　　　　　　　　D. 多步式

21. 以下属于利润表特征的有（　　）。

A. 反映经营成果　　　　　　　　B. 反映财务状况

C. 反映某特定一时期情况　　　　　　　　D. 反映某一特定时点情况

22. 下列与利润表相关的等式正确的有（　　）。

A. 资产 - 负债 = 所有者权益

B. 净利润 = 营业利润 - 所得税费用

C. 营业收入 = 主营业务收入 + 其他业务收入

D. 利润总额 = 营业利润 + 营业外收入 - 营业外支出

23. 利润分配表指（　　）。

A. 利润表的附表　　　　　　　　B. 资产负债表的附表

C. 现金流量表的附表　　　　　　　　D. 反映经营成果的附表

24. 在编制利润表时，需要计算填列的项目有（　　）。

A. 净利润　　　　　　　　B. 营业成本

C. 营业利润　　　　　　　　D. 营业收入

25. 以下不是以“收入 - 费用 = 利润”这一会计等式作为编制基础的会计报表有（　　）。

A. 利润表　　B. 资产负债表
C. 现金流量表　　D. 所有者权益增减变动表

26. 下列各项，属于现金流量表中现金及现金等价物的有（　　）。
A. 库存现金　　B. 其他货币资金
C. 3个月内到期的债券投资　　D. 随时用于支付的银行存款

27. 下列各项中，属于筹资活动产生的现金流量的有（　　）。
A. 取得短期借款　　B. 支付的现金股利
C. 增发股票收到的现金　　D. 偿还公司债券支付的现金

28. 下列交易和事项中，不影响当期经营活动产生的现金流量的有（　　）。
A. 支付各项税费　　B. 支付管理人员工资
C. 收到被投资单位红利　　D. 用产品偿还短期借款

29. 现金流量表中的“支付给职工以及为职工支付的现金”项目包括（　　）。
A. 支付的生产工人工资　　B. 支付给退休人员的补贴
C. 支付的在建工程人员工资　　D. 支付的行政管理人员工资

30. 下列经济业务应填列在现金流量表中“投资支付的现金”项目的有（　　）。
A. 购买子公司
B. 取得持有至到期投资支付的交易费用
C. 取得交易性金融资产时发生的交易费用
D. 取得持有至到期投资按其公允价值支付的款项

31. 某企业2018年度发生的下列交易或事项中，会引起投资活动产生的现金流量发生变化的有（　　）。
A. 向投资者派发现金股利20万元
B. 转让一项专利权，取得价款800万元
C. 购入一项专有技术用于日常经营，支付价款80万元
D. 采用权益法核算的长期股权投资，实现投资收益700万元

32. （　　）不会影响现金流量净额的变动。
A. 将现金存入银行　　B. 用现金对外投资
C. 用存货清偿债务　　D. 用原材料对外投资

33. 下列各项中，影响经营活动现金流量的项目有（　　）。
A. 支付所得税　　B. 偿还应付购货款
C. 支付生产工人工资　　D. 发行长期债券收到的现金

34. 下列各项中，影响投资活动现金流量增减变动的项目有（　　）。
A. 购买股票　　B. 以存款购买设备
C. 取得债券利息和现金股利　　D. 购买3个月到期的短期债券

35. “不涉及现金收支的投资活动和筹资活动”需列示（　　）。
A. 债务转为资本　　B. 从银行提取现金
C. 融资租入固定资产　　D. 1年内到期的可转换公司债券

36. 采用间接法列报经营活动产生的现金流量时，需要调整的项目有（　　）。
A. 不属于经营活动的损益　　B. 实际没有收到现金的收益

C. 实际没有支付现金的费用　　D. 经营性应收应付项目的增减变动

37. 下列各项中，应在现金流量表“偿还债务所支付的现金”项目中填列的有（　　）。

A. 偿还银行借款的本金　　B. 偿还银行借款的利息

C. 偿还企业债券的本金　　D. 偿还企业债券的利息

38. 在现金流量表补充资料中将净利润调整为经营活动的现金流量时，需要调增的项目有（　　）。

A. 存货的增加　　B. 固定资产折旧

C. 无形资产的摊销　　D. 公允价值变动损失

39. 所有者权益变动表中反映的综合收益具体包括（　　）。

A. 收入　　B. 净利润

C. 直接计入所有者权益的利得　　D. 直接计入所有者权益的损失

40. 所有者权益变动表上列示了两个时期的金额，包括（　　）。

A. 本期数　　B. 本年金额

C. 上期数　　D. 上年金额

41. 以下形成企业的资本公积的原因可能有（　　）。

A. 接受投资

B. 盘盈存货

C. 交易性金融资产公允价值变动额

D. 权益法下被投资单位所有者权益变动的影响

42. 下列项目属于所有者权益变动表纵向顺序所要揭示的内容的有（　　）。

A. 上年年末余额　　B. 本年年初余额

C. 本年年末余额　　D. 本年增减变动额

43. 关于会计政策变更，企业应该在附注中披露的内容包括（　　）。

A. 变更的性质　　B. 变更的目的

C. 变更的原因　　D. 变更的内容

44. 企业在会计报表附注中应该披露的或有事项包括（　　）。

A. 或有资产　　B. 或有负债

C. 预计负债　　D. 预计很可能获得的资产

45. 以下属于会计差错的包括（　　）。

A. 计算错误　　B. 固定资产盘盈

C. 疏忽或曲解事实　　D. 应用会计政策错误

46. 对于报表附注的作用，下列说法正确的有（　　）。

A. 有助于进行分析比较　　B. 有助于理解会计报表

C. 有助于进行报表的编制　　D. 有助于报表使用者对会计信息的需求

47. 以下属于会计报表附注反映的内容的有（　　）。

A. 或有事项　　B. 资产负债表日后事项

C. 关联方关系及其交易　　D. 重要会计政策和会计估计

三、判断题

1. 编制财务报表时，企业可以以附注披露代替确认和计量。 ( )

2. 一致性，是指财务报表项目的列报应当在各个会计期间保持一致，不得随意变更，但下列情况除外：会计准则要求改变财务报表项目的列报；企业经营业务的性质发生重大变化后，变更财务报表项目的列报能够提供更可靠、更相关的会计信息。 ( )

3. 会计工作的目的，是向企业的管理者和与企业有关的外部各利害关系集团提供决策有用的会计信息。 ( )

4. 会计报表作为集中，概括反映企业经济活动情况及其结果的会计载体，是财政、工商、税务各部门对企业实施管理和监督的重要资料。 ( )

5. 现金流量表是以现金为基础编制的反映企业财务状况变动情况的一张静态报表。 ( )

6. 反映企业财务状况的会计报表是用来总括反映企业在某一特定日期的财务状况的会计报表。 ( )

7. 反映企业现金流入和流出情况的现金流量表是以现金的流入和流出来反映企业在一定时期内的经营活动、投资活动和筹资活动的会计报表。 ( )

8. 个别会计报表是指仅仅反映一个会计主体的财务状况、经营成果以及现金流量等的会计报表，包括对内和对外会计报表。 ( )

9. 按照我国现行会计准则和会计制度的规定，企业对外报送的会计报表包括“资产负债表”“利润表”“利润分配表”和“现金流量表”4种会计报表。 ( )

10. 资产负债表中的“固定资产”项目中包括融资租入固定资产的成本。 ( )

11. “开发支出”项目应当根据“研发支出”科目中所属的“费用化支出”明细科目期末余额填列。 ( )

12. “长期借款”项目，根据“长期借款”总账科目余额填列。 ( )

13. 资产负债表中的应收账款项目应根据“应收账款”所属明细账借方余额合计数和“预收账款”所属明细账借方余额合计数和“坏账准备”总账的贷方余额计算填列。 ( )

14. “应付职工薪酬”项目，反映企业根据有关规定应付给职工的工资、职工福利、社会保险费、住房公积金等，但不包括非货币性福利、辞退福利等薪酬。 ( )

15. “预收款项”项目应根据“预收账款”和“应收账款”科目所属各明细科目的期末贷方余额合计数填列。如“预收账款”科目所属各明细科目期末有借方余额，应在资产负债表“应付账款”项目内填列。 ( )

16. 资产负债表中确认的资产都是企业拥有的。 ( )

17. 如果固定资产清理科目出现借方余额，应在资产负债表“固定资产清理”项目中以负数填列。 ( )

18. 利润表中的利润总额一定等于企业的应纳税所得额。 ( )

19. 营业外收入、营业外支出、投资收益、以前年度损益调整等科目的余额，期末均应结转到“本年利润”科目。 ( )

20. 根据企业会计准则对收入的定义，收入不仅包括主营业务收入和其他业务收

入，还包括营业外收入。（　）

21. 管理人员工资支出、广告费支出、固定资产安装工人工资支出均应在发生时直接确认为期间费用。（　）

22. 利润表是反映企业在一定会计期间经营成果的报表。（　）

23. 现金流量表除了反映企业与现金有关的经营活动、投资活动和筹资活动外，还能够反映不涉及现金的投资和筹资活动。（　）

24. 企业在编制现金流量表时，对企业为职工支付的住房公积金、为职工缴纳的商业保险金、社会保障基金等，应按照职工的工作性质和服务对象分别在经营活动和投资活动产生的现金流量有关项目中反映。（　）

25. 现金流量表补充资料中的固定资产折旧项目反映的是企业本期计提的固定资产折旧费。（　）

26. 销售商品或提供劳务、处置固定资产、分配利润产生的现金流量均应包括在经营活动的现金流量之中。（　）

27. 编制现金流量表时，经营活动的现金流量、筹资活动的现金流量和投资活动的现金流量的列报均可以使用直接法和间接法。（　）

28. “本期销售商品、提供劳务本期收到的现金”，“前期销售商品、提供劳务本期收到的现金”，“本期预收的销货款”均在“销售商品、提供劳务收到的现金”中反映。（　）

29. 采用间接法将净利润调节为经营活动产生的现金流量时，递延税款贷项和固定资产报废损失会减少净利润，属于调减项目。（　）

30. 编制现金流量表时，本期退回的增值税应在“收到的税费返还”项目中反映。（　）

31. 企业收回购买股票时实际支付的价款中包含的已宣告但尚未领取的现金股利时，应在“收到的其他与投资活动有关的现金”项目反映。（　）

32. 我国所有者权益变动表采用矩阵式的格式。（　）

33. 所有者权益变动表上仅反映了与所有者本身有关的交易或事项所引起的所有者权益的变化。（　）

34. “净利润”项目，反映企业当年实现的净利润（或净亏损）金额，并对应列在“盈余公积”栏。（　）

35. 平时资产负债表中的未分配利润的金额是由“本年利润”及“利润分配”科目的余额合计填入；年末，由于“本年利润”已转入“利润分配”，所以资产负债表的未分配利润的金额只有“利润分配”科目的余额。（　）

36. 收入能够导致企业所有者权益增加，但导致所有者权益增加的不一定是收入。（　）

37. 所有者权益变动表中的“本年金额”来源于当期的相关科目的发生额，“上年金额”来源于上年度相关科目的发生额。（　）

38. 会计报表附注是会计报表的重要组成部分，是对会计报表的详细解释和说明。（　）

39. 企业通常不应当披露或有负债。（　）

40. 企业采用的会计政策，在每一会计期间和前后各期应当保持一致，不得随意变更。 ( )

41. 会计报表附注披露的信息既有定量信息也有定性信息。 ( )

42. 会计报表附注上披露的信息与资产负债表、利润表、现金流量表等报表上的项目一一对应。 ( )

四、不定项选择题

某企业为增值税一般纳税人，适用17%的增值税税率，所得税税率25%。2017年度有关资料如下：

一、有关账户2017年年初余额（金额单位：万元）

1. 库存现金——3
2. 银行存款——500
3. 其他货币资金 180
——银行汇票存款 100
——存出投资款 80
4. 原材料——213 460
5. 库存商品——37 250
6. 生产成本——基本生产成本 63 750
7. 工程物资——800
8. 应收账款 45 000
——A 公司 30 000（贷方）
——B 公司 95 000（借方）
——C 公司 20 000（贷方）
9. 预付账款 400
——甲公司 300（借方）
——乙公司 100（借方）
10. 应付账款 60 000
——D 公司 90 000（贷方）
——E 公司 10 000（借方）
——F 公司 20 000（借方）
11. 预收账款 70
——丙公司 80（借方）
——丁公司 150（贷方）

二、本年度发生的部分业务

（1）本年销售商品收到现金2 223万元，包括销售产品款项1 900万元，增值税323万元；收到上一年销售商品款项234万元；预收销货定金130万元；本年销售退回（非资产负债表日后事项）商品支付现金81.9万元；收回企业2015年确认的坏账损失25万元。

（2）本年购买商品支付现金770万元；偿还上一年购买商品款项85万元；预付购货定金78万元；购货退回收到现金50万元。

（3）本年度应付职工薪酬总额400万元，以现金支付的各种职工薪酬共计320万元，其中：生产经营人员的职工薪酬为280万元，在建工程人员的职工薪酬40万元。

（4）本年度计提各项固定资产折旧200万元。

（5）本年度购入甲公司股票作为长期股权投资核算，共支付现金1 500万元，包括购买股票款1 400万元，交易费及税费100万元。

（6）本年度偿还一笔为期5年的到期借款630万元，包括本金600万元，利息30万元。

（7）本年度因应纳税暂时性差异确认递延所得税负债贷方发生额1 000元。

（8）本年度支付产品广告费400万元。

根据以上资料，不考虑其他因素，分析回答下列第1～5小题（金额单位：万元）。

1. 2016年资产负债表年度报表中，本年数有关项目填列数据正确的有（　　）。

A. 存货314 460　　B. 货币资金503

C. 应收账款95 080　　D. 预收账款50 150

2. 本年度现金流量表正表中“销售商品、提供劳务收到的现金”项目应填列的金额为（　　）。

A. 2 289　　B. 2 375. 1

C. 2 530. 1　　D. 2 612

3. 本年度现金流量表正表中“购买商品、接受劳务支付的现金”项目应填列的金额为（　　）。

A. 848　　B. 855

C. 883　　D. 933

4. 本年度现金流量表正表中“支付的其他与经营活动有关的现金”和“投资支付的现金”两项应填列的金额分别为（　　）。

A. 400　　B. 1 400

C. 1 283　　D. 1 500

5. 本年度现金流量表补充资料中应调加的金额为（　　）。

A. 200　　B. 800

C. 1 000　　D. 1 200